Inhalt

Über die Autorin 6

Motto 8

Einleitung 9

TEIL I – „IN DER ERZIEHUNG LÄUFT´S RUND" 13

1. *Erziehen ohne Schimpfen & Stress – „Klappt das wirklich?"* ... 14
2. *Gefühlsausbrüche bei Kindern – „Was steckt dahinter?"* 19
   - Angst 20
   - Trauer 21
   - Wut 21
   - Scham 22
   - Freude 23
   - Stress 23
3. *Welche Entwicklungsphasen durchlaufen Kinder?* 25
   - Frühe Kindheit (0 – 2 Jahre) 25
   - Kindheit (2 – 4 Jahre) 25
   - Mittlere Kindheit (5 – 6 Jahre) 26
   - Späte Kindheit (7 – 11 Jahre) 27
   - Jugend und Pubertät (12-18 Jahre) 28
4. *Welche Bedürfnisse haben Kinder* 30
5. *Wie Sie die Trotzphase meistern* 32
6. *Tipps & Methoden für ein entspannteres Familienleben* 36
   - Umgang mit starken Gefühlen 36
   - Was, wenn das Kind nicht hören will? 42
   - Probleme unter Geschwistern 45
   - Verweigerung von Pflichten (Haushalt etc.) 48
   - Die Klassiker: Fernsehen, Schlafengehen & Körperpflege 52
   - Beim Einkaufen – „Mama, ich will das aber haben!" 55
   - Familienausflüge – „Wie lange fahren wir noch?" 57
   - Kindergarten, Schule & Hausaufgabendiskussionen 58
   - Ernährung 60
   - Selbstständigkeit 61
7. *So kommunizieren Sie mit Ihrem Kind richtig* 63
   - Nehmen Sie Ihr Kind ernst! 65

    Das Modell der Gewaltfreien Kommunikation 66
    Konflikte vorbeugen und lösen 70
    Kindern Feedback geben und loben 72

8. Regeln, die Kindern guttun 79
    Frühe Kindheit (0 – 2 Jahre) 79
    Kindheit (2 – 4 Jahre) 80
    Mittlere Kindheit (5 – 6 Jahre) 80
    Späte Kindheit (7 – 11 Jahre) 81
    Was können Sie tun, wenn Regeln missachtet werden? 82

9. Spielen Sie gemeinsam mit Ihrem Kind – it´s fun time" 83
    Ab 2 Jahre 85
    Ab 6 Jahre 86
    Ab 9 Jahren 87

TEIL II – „ERSTE HILFE FÜR MAMA & PAPA" **89**

1. Von der Vorbildfunktion – „Nobody is perfect" 90

2. Eltern = Respektpersonen – „Dazu brauchen Sie nicht schimpfen!" 93

3. Gelassenheit lernen - „Time-out für Mama & Papa!" 95
    Trainieren Sie Ihre Gelassenheit 96
    Nehmen Sie sich Zeit für sich selbst 97
    Nehmen Sie sich Zeit für Ihre Partnerschaft 98

4. Wo stehe ich? Wo will ich hin? Was macht mich wütend? 99

5. Anti Stress Hilfe und Selbstregulation 104
    Atemmeditation 104
    Gefühle beobachten 105
    Wahrnehmungskanäle beobachten 105
    Wut und Aggression abbauen 106

Praktische Checklisten **107**
    Die besten Erziehungstipps für gelassene Eltern 107
    Die wichtigsten Regeln für Kinder 108
        Frühe Kindheit (0 – 2 Jahre) 109
        Kindheit (2 – 4 Jahre) 109
        Mittlere Kindheit (5 – 6 Jahre) 110
        Späte Kindheit (7 – 11 Jahre) 110
    Anregungen für eine liebevolle & gelungene Kommunikation 111

Schlusswort **112**

WUNSCHKIND AUßER KONTROLLE

Erziehungsratgeber für glückliche & gefühlsstarke Kinder

Wie Sie die Trotzphase meistern & Ihr Kind erziehen ohne Schimpfen und Stress

Athina Crane

Athina Crane
© Mellontikos Verlag
https://mellontikos-verlag.com
info@mellontikos-verlag.com
2021, 1. Auflage
Alle Rechte vorbehalten

Athina Crane
© Mellontikos Verlag

2021, 1. Auflage
Alle Rechte vorbehalten
ISBN: 978-3-96709-035-2

Dank..114

Ergänzende Literatur..115

Ich freue mich auf Ihr Feedback 116

Über den Verlag 117

Haftungsausschluss...118

Urheberrecht 119

Impressum 120

Über die Autorin

Athina Crane, erfolgreiche Unternehmerin und Autorin, verfasst regelmäßig Bücher zu den Themen „Kindererziehung" & „Psychologie".

Sie ist selbst Mutter und verfügt über ein großes, psychologisches Fachwissen. Ihr Team schätzt vor allem ihre souveräne, ehrliche Art zu führen und ihre Empathie. Mit viel Fingerspitzengefühl motiviert sie andere, große Dinge zu leisten und über sich selbst hinauszuwachsen.

„Du kannst alles schaffen, wenn du nur an dich glaubst", lautet ihr Motto.

Athina Crane

Bereits in ihrer Jugend interessierte sich die Autorin für die menschliche Psychologie und schrieb gerne Geschichten, die sozial aktuelle Themen ansprachen sowie eine positive Einstellung zum Leben vermittelten. Außerdem zählte das Kickboxen zu einer ihrer großen Leidenschaften, wobei sie im Laufe ihrer sportlichen Karriere sogar den Schwarzgurt erlangte.

Athina lebt mit ihrer Familie und ihrem Hund in der Alpenregion und genießt es, Zeit in der Natur zu verbringen.

Motto

„Wenn das Wunschkind außer Kontrolle gerät, schießt vielen Eltern das Adrenalin in den Körper.

Altertümliche Bestrafungsrituale richten dabei oft nur noch mehr Schaden an.

Moderne Eltern denken langfristig und erziehen ohne Stress und Schimpfen.

Einleitung

Eine gute Freundin von mir ist Mutter von zwei Kindern. Max und Sandra waren beide absolute Wunschkinder. Doch in letzter Zeit gerieten sie etwas außer Kontrolle. Es gab häufig Streitereien und Geschimpfe mit ihnen. An einem Abend habe ich es mir mit meiner Freundin zuhause bequem gemacht. Wir wollten eigentlich einen Film schauen. Es kam jedoch nicht dazu. Sie war sehr traurig und daher froh, ein paar Stunden einfach nur fliehen und sich ausheulen zu können. Der Fernseher blieb somit aus und wir redeten. Sie erzählte mir, dass Max in der Schule immer auffälliger wurde. Er ärgerte und hänselte andere Kinder. Zudem verhielt er sich gegenüber seiner Klassenlehrerin manchmal respektlos. Zuhause zeigte er inzwischen oft das gleiche Verhalten. Er gab Widerworte, hielt sich nicht an Absprachen, sein Zimmer sah aus wie ein Schlachtfeld und er spielte seiner Schwester gerne Streiche. Sandra hingegen zelebrierte die Opferrolle, forderte Aufmerksamkeit, Beachtung und Mitleid ein. Hatte sie jedoch das Gefühl, dass Mama und Papa nicht in Sichtweite waren, dann legte sie ihre Rolle ab und verhielt sich wie immer.

Meine Freundin erzählte mir von einer Situation, die sich eine Woche vor unserem Gespräch ereignete. Sie erhielt an einem Vormittag einen Anruf von der Klassenlehrerin von Max. Er hatte seine

Mathearbeit wiederbekommen. Es war eine Fünf. Lisa, eine gute Schülerin aus seiner Klasse, hatte eine Eins. Max fing an, sie in der Pause zu ärgern und nannte sie „Streberin". Als die Lehrerin dazukam, um zu schlichten, lachte Max nur. Das verletzte Lisa sehr. Sie begann zu weinen. Meine Freundin war entsetzt, als sie davon hörte. Ihr Sohn war sonst ein sehr umgänglicher und lieber Junge. Doch seit einiger Zeit gingen scheinbar die Pferde mit ihm durch. Als Max dann mittags nach Hause kam, schimpfte sie mit ihm und schickte ihn zum Nachdenken ins Zimmer. Zudem bekam er eine Woche Fernseher- und Spielekonsolenverbot. Max sagte daraufhin nicht ein Wort, legte sich ins Bett und grummelte vor sich hin.

Als Sandra von der Schule kam, hatte sie bereits mitbekommen, was passierte. Sie war erstaunlich fröhlich. Auf dem Weg zu ihrem Zimmer, ging sie bei Max vorbei, öffnete seine Zimmertür und sagte leise: „Na, hast Du schon wieder Mist gebaut?" Sandra bemerkte zuerst nicht, dass ihre Mutter hinter ihr stand. Als sie die Tür schloss und sich umdrehte, um in ihr Zimmer zu gehen, erschrak sie. Meine Freundin war fassungslos. Die kleine Sandra provozierte jetzt auch noch ihren Bruder. Sie schimpfte mit ihr und schickte sie ebenfalls ins Kinderzimmer.

Vielleicht können Sie sich vorstellen, wie sich meine Freundin fühlte. Sie liebt ihre Kinder von ganzem Herzen. Doch manchmal ist sie überfordert. Dann schimpft sie, obwohl sie das eigentlich nicht möchte. Sie dachte darüber nach, sich Unterstützung zu holen, da sich die unangenehmen Situationen häuften. Dabei kamen ihr die Gedanken an eine Kinder- und Jugendhilfe oder einen Kinderpsychologen. Dazu wollte Sie meine Meinung hören. Schließlich bin ich auch Mutter und beschäftige mich seit ich denken kann mit Psychologie, Pädagogik und Kindererziehung. Zudem fällt es mir leicht, mich in die verschiedenen kindlichen Charaktere hineinzuversetzen. Ob sie impulsiv, gefühlsstark, sensibel oder in sich gekehrt sind, spielt dabei keine Rolle.

Und so unterhielt ich mich weiter mit meiner Freundin. Wir nahmen uns einen Zettel, einen Stift und analysierten die letzten Jahre. Schließlich waren Max und Sandra ihre absoluten Wunschkinder, auch, wenn sie manchmal etwas außer Kontrolle gerieten. In unserem Gespräch fanden wir einige sehr spannende Details und den Schlüssel, der die ständig angespannte Lage dauerhaft beruhigte. Wir sprachen über die Feinheiten der Kindererziehung und sie bekam mein ganzes Wissen, was ich all die Jahre aufgebaut hatte. Max und Sandra veränderten sich bereits wenige Wochen nach  unserem Gespräch und wurden wieder zu den Wunschkindern, die meine Freundin immer haben wollte.

Vielleicht geht es Ihnen ähnlich, und Sie haben auch Schwierigkeiten mit Ihrem Kind. Eltern, die ihre Sprösslinge wirklich lieben, wünschen sich nichts mehr, als eine gute Lösung für Probleme zu finden. Schimpfen, Bestrafen und Maßregeln verursachen viel Stress und bringen Unruhe in das Familienleben. Das muss nicht sein. Daher bekommen auch Sie das Wissen, was ich mir über Jahre aufbaute und mit meiner Freundin teilte. In diesem Buch erfahren Sie, warum ein Erziehungsstil ohne Schimpfen so wichtig ist, gerade in Situationen, die vollkommen außer Kontrolle geraten. Dafür gehen wir Gefühle und Emotionen durch, die bei Kindern zu Gefühlsausbrüchen führen können. Sie werden feststellen, warum diese so bedeutsam sind und wie Sie optimal damit umgehen können. Dafür müssen Sie nicht laut werden, schimpfen oder Ihr Kind bestrafen. Sie können ganz gelassen, ruhig und liebevoll bleiben.

Kinder sind nicht gleich Kinder. So viel steht fest. Jede Altersstufe hat ihre Herausforderungen. Das hängt damit zusammen, dass sich Kinder entwickeln und alle zwei bis drei Jahre eine Persönlichkeitswandlung durchmachen. Das ist eine enorme Aufgabe und verursacht Stress. Wie Sie dennoch souverän und gelassen damit umgehen können und dabei Ihrem Kind noch helfen, das erfahren Sie in diesem Buch. Ebenso schauen wir uns die Bedürfnisse an, die hinter unkontrolliertem Verhalten stecken. Denn das ist Ihr Schlüssel zum

Handeln. Dadurch gehen Sie ganz „cool" durch die Trotzphasen hindurch.

Damit Ihnen das reibungslos gelingt, erhalten Sie Methoden zur gewaltfreien Kommunikation sowie Regeln, die Ihrem Kind sehr guttun werden. Wir gehen Probleme durch, die fast alle Eltern kennen. Sie erfahren, wie Sie damit umgehen, wenn das Kind nicht hören will, Streit unter den Geschwistern aufkommt, es Pflichten verweigert, in der Schule ausrastet oder nicht ins Bett gehen möchte. Zu diesen und vielen anderen Situationen, bekommen Sie von mir die besten Lösungen. Das Schöne dabei ist, dass Sie diese sofort anwenden und umsetzen können.

Werden Sie wieder als Respektsperson wahrgenommen und bleiben Sie ab sofort in jeder Erziehungssituation vollkommen gelassen!

Damit Ihnen das gelingt, habe ich dieses Buch geschrieben.

Viel Freude dabei wünscht

Athina Crane

TEIL I – „IN DER ERZIEHUNG LÄUFT´S RUND"

1. Erziehen ohne Schimpfen & Stress – „Klappt das wirklich?"

In den meisten Familien gehört Schimpfen einfach dazu. Das liegt häufig daran, dass sie es nicht anders kennen und es gewohnt sind. Hört man hingegen von Erziehungsstilen, die ganz ohne Schimpfen und Stress auskommen, dann können viele sich das gar nicht vorstellen. Sofort rattert der Kopf und es kommen hunderte Gegenbeispiele und Begründungen, warum das nicht funktionieren kann. Ganz gleich, ob Sie denken, dass es nicht funktioniert oder daran glauben, dass es gute Alternativen geben kann; Sie werden Recht behalten. Natürlich ist es gefühlt erst einmal einfacher, seinen alten Gewohnheiten zu folgen und weiterzumachen wie bisher. Sie werden jedoch feststellen, dass die meisten verständnisvolleren Methoden und Möglichkeiten langfristig deutlich weniger Zeit in Anspruch nehmen. Zudem fühlen sie sich viel besser an und wir tun uns und unseren Kindern etwas Gutes.

Damit die neuen Wege gut funktionieren können, ist es zunächst wichtig, zu verstehen, wie Kinder tatsächlich denken, fühlen und handeln. Vielleicht glauben Sie jetzt, dass man es doch offensichtlich sieht. Mit diesem Gedanken landet man jedoch schnell in einer ungewollten Falle. Kinder sind vollkommen bedürfnisgesteuert - das weiß nicht jeder. Sie haben körperliche, emotionale oder soziale

Bedürfnisse und wollen diese befriedigen. Das löst in ihnen ein sehr starkes Gefühl aus. Dieses wiederum bestimmt ihr Verhalten. Hinzu kommt, dass sich das Empfinden für Zeit und Zeiträume erst im Laufe der Jahre entwickelt.

Stellen Sie sich einmal vor, Sie haben einen wichtigen Termin bei der Krankenkasse und Ihr Sohn oder Ihre Tochter spielt verträumt im Zimmer.  Sie möchten jedoch, dass sich Ihr Kind nun anzieht, damit Sie gemeinsam losgehen können. In diesem Moment prallen bereits zwei unterschiedliche Welten aufeinander. Vielleicht kennen Sie das. Ihr Kind hat gerade das Bedürfnis nach Abenteuer, nach Erforschen oder es will im Element des Spielens versinken. Sie hingegen haben Ihren Termin vor Augen und möchten nicht zu spät kommen. In diesem Moment lastet bereits sehr viel Druck auf der Situation. Sie haben nun eine Vielzahl an Möglichkeiten. Sie können in das Kinderzimmer gehen und z.B. sagen: „Zieh Dich an, wir müssen los." Wenn Ihr Kind nicht vollkommen eingeschüchtert und verängstigt ist, dann wird es sich innerlich dagegen wehren und Ihnen das auch mitteilen. Vielleicht durch ein klares „Nein", durch Traurigkeit oder eine dramatische Einlage. Das würde die Situation weiter verschärfen und unnötige Unruhe stiften.

Um den Aufbruch zum Ankleiden deutlich wirkungsvoller einzuleiten, ist es wichtig, die bunte Erlebniswelt von Kindern besser zu verstehen. Die meisten Eltern richten ihren Fokus viel zu sehr auf das Verhalten und nicht auf die dahinterstehenden Bedürfnisse. Genau daraus entstehen harte Reaktionen, Resignation und Kampfgelüste in Kindern. Sie fühlen sich in Ihren Wünschen nicht gesehen und nicht verstanden. Das eingeschränkte Zeitempfinden führt dazu, dass sie vollkommen im „Hier und Jetzt" sein können, ohne daran zu denken, was später, morgen oder in einer Woche ist.

Der Schlüssel für Eltern liegt darin, in die Wahrnehmung des Kindes einzutauchen und ihm auf der Bedürfnisebene zu begegnen. Während die Lust auf Abenteuer, Natur erforschen, Welt verstehen am größten ist, beteiligen Sie sich für einen kurzen Moment. Sie holen das Kind genau dort ab, wo es sich gerade befindet. Und wenn Sie so leidenschaftlich sind wie ich, dann machen Sie zusätzlich noch eine wundervolle Erfahrung. Gehen Sie z.B. in das Kinderzimmer, knien sich hin und fragen: „Hey, was spielst Du denn da?" Sie werden sehr schnell eine motivierende Antwort bekommen. Hören Sie genau hin und seien Sie für einen Augenblick Teil dieses Spieles. Dann können Sie sagen: „Ich kann mir vorstellen, dass Du nachher gerne weiterspielen möchtest, sobald wir wieder da sind. Oder?" Damit unterbrechen Sie nicht direkt den Spieltrieb, da ihr Kind sich nun vorstellt, wie es später weiterspielt. Wenn Sie ein „Ja" bekommen, können Sie ergänzen: „Dann lass uns jetzt anziehen, damit wir so schnell wie möglich wieder hier sind." Und schon ist es Ihnen gelungen, einen anstrengenden Kampf zu umgehen. Zudem haben Sie keine Zeit verloren, wahrscheinlich sogar viel Zeit gewonnen.

Als Eltern lieben wir unsere Kinder. Sonst würden Sie sich niemals die Mühe machen, dieses Buch zu lesen. Auch wenn es manchmal so scheint, als würde unser Wunschkind außer Kontrolle geraten, so sollten wir uns die Frage stellen, ob das wirklich so ist. Erfahrungsgemäß sind es tatsächlich eher wir Eltern, die die Kontrolle verlieren. Die Kinder schauen sich dieses Verhalten im Laufe der Zeit ab. Niemand macht das absichtlich. Es gibt ja auch keinen offiziellen Elternführerschein und auch kein Elterndiplom. Woher soll man das auch alles wissen? Glauben Sie mir, es ist nicht Ihre Schuld, wenn mal etwas aus dem Ruder läuft. Wenn wir jedoch lernen, in die Welt unserer Kinder einzutauchen und sie so anzunehmen, wie sie wirklich sind, dann wird vieles einfacher.

Sie wissen bereits, dass Kinder im „Hier und Jetzt" leben. Genau aus diesem Grund ist es sinnvoll, mit dem Kind auch auf diesem Level zu sprechen. Wenn Sie selbst darüber reden, was Sie gerade wahrnehmen, wie Sie sich fühlen und welche Bedürfnisse Sie bei sich und Ihrem Kind sehen, dann erlangen Sie schnell eine gemeinsame Basis. Damit kann das Kind am besten umgehen,

denn es braucht klare Informationen und Grenzen. Erklären Sie Regeln genau und begründen Sie, warum sie Ihnen so wichtig sind. Das ist erforderlich, damit das Kind nicht ständig das Gefühl bekommt, etwas falsch gemacht zu haben. Außerdem sind Kinder sehr emphatisch. Auch wenn es nicht immer gleich danach aussieht, aber sie spüren genau, ob Ihre Worte zu Ihrer Körpersprache passen. Sie bekommen alles mit. Wenn Mama und Papa sich gestritten haben und sich aus dem Weg gehen, dann können selbst warme Worte über den anderen nichts ausrichten. Kinder spüren die Energie. Und wenn sie irritiert sind, dann zeigt sich das auch in ihrem Verhalten. Seien Sie offen, ehrlich und authentisch. Reden Sie in der Ich-Form über das, was Sie bewegt, was Sie möchten und stecken Sie den Rahmen ab. Indem Sie es vorleben, lernt Ihr Kind, genauso zu kommunizieren und sich auszudrücken.

Sagen Sie ganz einfach:

„Ich möchte jetzt etwas Ruhe haben."
„Ich möchte jetzt eine Pause machen."
„Ich räume zuerst das Wohnzimmer auf und dann höre ich Dir gerne zu."
„Ich möchte gerne, dass Dein Zimmer abends vor dem Schlafengehen aufgeräumt ist."

Sollte es Ihnen schwerfallen, sich daran zu gewöhnen, nicht zu schimpfen, dann bietet es sich an, sich selbst zu reflektieren. Prüfen Sie genau, wie bei Ihrem Kind auch, welche Bedürfnisse hinter Ihrer Wut, Ihrem Frust, oder Ihrer Traurigkeit stecken. Dadurch fällt es zunehmend leichter, Alternativen zu implementieren. Sie können sich auch der 20- Sekunden-Regel bedienen. Das bedeutet, dass Sie, bevor Sie irgendetwas sagen, tun oder machen, erstmal 20 Sekunden völlig ruhig sind und die Situation auf sich wirken lassen. Dadurch fällt der Stresspegel. Irgendwann reduzieren Sie die Zeit auf 15 oder 10 Sekunden. Dadurch gewöhnen Sie ihren Körper daran, nicht sofort reagieren zu müssen. Wenn wir impulsiv, aus der Emotion heraus, reagieren, erreichen wir nicht immer das beste Ergebnis.

Es wäre nicht die Wahrheit, wenn ich sagen würde, dass alles Friede, Freude, Eierkuchen wird. Natürlich stoßen wir auch mit liebevolleren Erziehungsmethoden hin und wieder an unsere Grenzen. In solchen Momenten jedoch zu schreien oder laut zu schimpfen, kann hingegen die gleiche Wirkung haben, wie Schlagen. Auch, wenn sich das jetzt vielleicht sehr hart anhört, leidet die Selbstwertentwicklung enorm darunter. Das Selbstwertgefühl entwickelt sich in jungen Jahren durch das äußere Umfeld. Hat man ständig das Gefühl, dass man angeschrien werden muss, um sich zu bewegen, etwas zu leisten oder heranzuwachsen, dann lernt man den falschen Umgang mit Emotionen. Kinder denken irgendwann, dass Schimpfen und lautes Gebrüll der Weg sind, um mit Stress, Angst, Wut oder Meinungsverschiedenheiten umzugehen. Das wollen wir natürlich vermeiden.

Vielleicht sehen Sie aber jetzt auch, dass es wundervolle Mittel, Wege und Möglichkeiten gibt, die Kindererziehung stressfrei und ohne Schimpfen zu gestalten. Alle Beteiligten werden dadurch zufriedener und glücklicher - auch in schwierigen Situationen. Wenn ich das kann, dann können Sie es erst recht.

2. Gefühlsausbrüche bei Kindern – „Was steckt dahinter?"

Kinder sind viel emotionsgesteuerter als Erwachsene, daher sind sie auch generell impulsiver. Sie haben deutlich mehr Energie. Das kann positiv sein, aber auch negativ, z.B. wenn es um starke Gefühlsausbrüche geht. Machen wir uns nichts vor, die meisten Eltern sind mit solchen Situationen völlig überfordert und empfinden Ratlosigkeit.

Das Kind soll weiteressen, doch es schmeißt den Löffel und den Teller durch den Raum. Es soll aufräumen und wirft sich schreiend auf den Boden. Es soll den Schlafanzug anziehen und wird beleidigend oder ausfallend. Es zieht anderen Kindern an den Haaren, weil es das Spielzeug nicht bekommt.

Auch mit solchen oder heftigeren Gefühlsausbrüchen können wir lernen souverän umzugehen. Grundsätzlich können Sie davon ausgehen, dass es einfach die Art des Kindes ist, wie es in diesem Moment seine Bedürfnisse ausdrückt. Wahrscheinlich hat es für diesen Moment keine bessere Alternative.

Wenn wir einer Sache hundertprozentig vertrauen können, dann ist es einem Gefühl. Gefühle sind immer echt und lügen nicht. Es macht auch keinen Sinn, sie wegdiskutieren zu wollen. Sie sind da. Es ist daher wichtig, nicht das Gefühl infrage zu stellen, sondern die Quelle dessen zu erforschen.

Wir sollten also wieder auf die Suche gehen, um zu verstehen, was sich tatsächlich dahinter verbirgt. Beurteilen Sie nur das Verhalten, dann besteht die Gefahr, zu schnell verurteilend zu werden. In Wirklichkeit ist es immer eine Mischung aus dem Bedürfnis und dem Verhalten. Zudem ist es für die Entwicklung wichtig, dass Kinder diese Gefühlsausbrüche haben. Nur so können sie lernen, anders damit umzugehen. Seien Sie also dankbar für jede Möglichkeit, die sich ergibt. Es ist eine weitere Chance für Weiterentwicklung. Wichtig ist, dass Sie nicht die Kontrolle verlieren und sich von Ihrem Kind steuern lassen. Sonst zieht es Sie irgendwann automatisch mit in die Welt der Gefühlsausbrüche und Ihr Kind lernt nicht, damit umzugehen.

Um mit Gefühlsaubrüchen souverän umgehen zu können, ist es jedoch wichtig, dass Eltern sich selbst in einem seelisch stabilen Zustand befinden. Nur so haben sie die Kraft, ihrem Kind den Umgang mit starken Emotionen beizubringen. Ruhige und gelassene Eltern wirken wie ein Schutzschild für das Nervengerüst des Kindes.

Im Folgenden schauen wir uns jetzt die sechs häufigsten Gefühlszustände von Kindern an und was sie im Einzelnen bedeuten.

Angst

Viele Menschen lassen sich ihr ganzes Leben lang von ihrer Angst steuern und beeinflussen. Häufig liegt es an sehr prägenden Erlebnissen, oft aber auch daran, dass sie nie gelernt haben, was Ängste sind und wie man mit Ihnen umgeht. Angst ist ein sehr wichtiges Gefühl für Kinder. Sie lernen dadurch, sich selbst vor Gefahren zu schützen. Selbstverständlich wissen Sie, begründete von unbegründeten Ängsten zu unterscheiden. Ihr Kind weiß es möglicherweise aber noch nicht. Deswegen sollten Sie ihm die Möglichkeit lassen, es selbst zu erforschen und herauszufinden. Seien Sie einfach nur da und lassen Sie Ihr Kind darüber sprechen. Vermeiden Sie direkte Konfrontationen wie: „Davor brauchst Du keine zu Angst haben. Stell Dich mal nicht so an.

Du bist doch kein Weichei." Sie helfen damit niemandem. Kinder müssen selbst, auf Ihre Art, Ängste kennen und verstehen lernen. Sonst werden sie möglicherweise auch im Erwachsenenalter weiterhin unbegründete Ängste haben.

Trauer

Jeder Mensch war im Laufe seines Lebens schon mal traurig. Wir sind verlassen worden, unsere Wünsche haben sich nicht erfüllt, man hat uns beleidigt oder wir haben einen wichtigen Menschen verloren. Je früher ein Mensch lernt, mit der Trauer umzugehen, desto schneller akzeptiert er den erlittenen Verlust und kann wieder lächeln. Vielleicht kennen Sie auch Menschen, die sich komplett in Ihrer Trauer verlieren. Manchmal kommen Sie tage- oder auch wochenlang nicht aus ihrer Gefühlswelt heraus. Für Eltern kann es herzzerreißend sein mit anzusehen, wie ihr geliebtes Wunschkind weinend in der Ecke sitzt und traurig ist. Wie bei der Angst auch, hat die Traurigkeit häufig Gründe, über die wir als Erwachsene eher hinwegsehen würden. Doch Kinder haben noch nicht den Weitblick und die Lebenserfahrung. Kleinigkeiten können daher einen unendlichen Schmerz auslösen. Nehmen Sie ihrem Kind nicht die Chance, diese Lebenserfahrung zu gewinnen. Geben Sie ihm die Möglichkeit, die Traurigkeit zu durchleben, damit es die Situation akzeptieren kann, wie sie ist. Traurigkeit kann somit ein sehr wichtiger Lernprozess sein, auch wenn es manchmal für uns Eltern schwer mit anzusehen ist.

Wut

Sicherlich kennen Sie auch Situationen, in denen Ihr Kind richtig wütend ist. Es schreit, ist aggressiv, wirft irgendetwas durch die Gegend oder motzt rum. Wut hat eine ganz besondere Aufgabe in der kindlichen Entwicklung. Sie bringt das Kind ins
Handeln. Natürlich soll es nicht so sein, dass jemand zu Schaden kommt. Wer jedoch lernt, die Wut richtig zu kanalisieren erfährt mehr Handlungskraft. Es ist die Stärke, die einem Menschen dabei hilft, nicht jede Situation einfach hinzunehmen, sondern zu handeln und zu

verändern. Stellen Sie sich einmal vor, Sie schauen aus dem Fenster und sehen eine Frau mit einem angeleinten Hund. Der kleine Vierbeiner setzt sich genüsslich in Ihr Vorbeet und macht ein Häufchen. Vielleicht werden Sie in diesem Moment etwas wütend, gehen nach draußen und bitten die Dame, das Häufchen wegzumachen und demnächst darauf zu achten, dass der Hund sich nicht auf anderen Grundstücken entleert. Das Gefühl der Wut hat Sie in diesem Moment dazu bewegt, die Initiative zu ergreifen und zu handeln. Je früher und je besser ein Mensch lernt mit der Wut umzugehen, desto souveräner und stressfreier kann dieser handeln. Unterbrechen Eltern ständig die Kraft der Wut in ihrem Kind, indem sie es maßregeln, ins Zimmer schicken oder bestrafen, desto weniger kann es lernen, mit diesem Gefühl umzugehen. Die Wut schwenkt irgendwann in Aggression um, wenn Sie nicht aufpassen sogar in körperliche Gewalt. Das muss nicht sein.

Scham

Haben Sie sich schon einmal für etwas geschämt, was Sie getan haben? Vielleicht haben Sie dabei auch entdeckt, dass Schamgefühle sich immer auf einen selbst beziehen. Es tauchen Gedanken auf wie: „Das war nicht in Ordnung. Ich bin nicht gut. Das war ein Fehler." Oft gehen Schuldgefühle mit einher. Jetzt fragen Sie sich sicherlich, was daran gut sein soll. Ich will es Ihnen sagen. Nur durch Peinlichkeits- oder Schamgefühle ist der Mensch in der Lage, sein eigenes Verhalten zu überprüfen. Wir entwickeln Empathie und die Fähigkeit, in der Gesellschaft zurechtzukommen. Hätten wir dieses Gefühl nicht, dann gäbe es ein großes Chaos. Schamgefühle befähigen einen Menschen, sich nach innen zu richten, aus Fehlern zu lernen und sich selbst zu verzeihen. Wenn Eltern ihr Kind in seiner Scham bestätigen oder sie wegzudiskutieren versuchen, dann stören sie diesen wichtigen Entwicklungsprozess. Als Mutter oder Vater können wir beratend zur Seite stehen, wenn es vom Kind erwünscht ist. Unterbrechen sollten wir es jedoch nicht. Das führt eher dazu, dass Kinder in ein Extrem fallen. Entweder werden sie selbstherrisch und können sich keine Fehler eingestehen oder sie schämen sich später, mehr als notwendig, für lächerliche Lappalien, die nicht der Rede wert sind.

Freude

Natürlich gibt es nicht nur negative Gefühlsausbrüche und Emotionen, sondern auch positive. Freude ist eine der wertvollsten davon. Wenn etwas schön ist oder gut funktioniert, dann empfinden Kinder Freude. Als Eltern dürfen wir uns gerne daran beteiligen, indem wir uns mit unserem Kind gemeinsam freuen. Dadurch erhält es die Bestätigung, die es braucht. Wenn Kinder unter sich sind, dann kann es vorkommen, dass sich eines freut und die anderen ablehnend wirken. Vielleicht haben Sie so etwas auch schon einmal erlebt. In solchen Momenten flacht die Freude meist rapide ab. Bestärken Sie Ihr Kind in seiner Freude, wo Sie nur können. Das macht selbstsicher, selbstbewusst und stark. Sie lernen durch Ihre Bestätigung, dass sie auf dem richtigen Weg sind und lassen sich dadurch von anderen weniger beirren.

Stress

Während positive Emotionen Kraft spenden, so können negative Zustände sehr kraftraubend sein. Stress kann, gerade bei Kindern, gravierende körperliche und seelische Auswirkungen haben. Daher ist es wichtig, möglichst früh zu lernen, Stress abzubauen, bevor es zu einer chronischen Instabilität kommt. Es ist nicht selten, dass bereits Kindergartenkinder oder junge Schulkinder unter Schlafstörungen, ständigen Bauchschmerzen oder Nervosität leiden. Vielleicht kennen Sie das auch, wenn Kinder abends nochmal so richtig aufdrehen. Eigentlich sollen sie schlafen gehen und dann geben sie nochmal richtig Gas. Dadurch versuchen Sie die angestaute Energie und den Stress im Körper abzubauen. Auf der anderen Seite gibt es aber auch diejenigen, die sich komplett zurückziehen, in sich gekehrt oder leicht reizbar sind. All das sind Anzeichen und Signale dafür, dass sie irgendetwas extrem gestresst hat. Das sollten Sie unbedingt ernst nehmen, die Gründe ausfindig machen und gezielte Gegenmaßnahmen einleiten. Die Ursachen für Stress können sehr vielfältig sein. Sie reichen von Überforderung in der Schule, über Probleme mit

Mitschülern und Freunden, bis hin zu der Angst davor, dass sie nicht liebgehabt werden. Seien Sie sensibel und achtsam. Stress kann bei Kindern gut durch Bewegung, viel Freude, der richtigen Atmung und einer gesunden Ernährung abgebaut werden. Wichtig ist jedoch, dass sie selbst lernen, wie sie Stress am besten abbauen.

Die menschliche Gefühlswelt ist erschreckend und fantastisch zu gleich. Beruhigend dabei ist, dass allen negativen Gefühlen und Emotionen etwas Positives innewohnt. Das hilft dabei, den Entwicklungsprozessen die Zeit zu geben, die sie brauchen. Schließlich sind Kinder noch keine Erwachsenen und sollten auch nicht so behandelt werden, als seien sie welche.

3. Welche Entwicklungsphasen durchlaufen Kinder?

Kinder sind nicht gleich Kinder -auch wenn dies gerne verallgemeinert wird. Vielmehr gibt es verschiedene Entwicklungsphasen, die unterschiedliche Aufgaben und Herausforderungen haben. Je genauer Sie diese als Eltern kennen, desto leichter kann es Ihnen fallen, darauf einzugehen. Die Altersangaben im Folgenden sind nur grobe Orientierungswerte, da es immer von dem jeweiligen Kind abhängt, welche Lernaufgaben es bereits gemeistert hat. Daher fokussieren Sie sich nicht zu sehr auf die jeweiligen Altersangaben, denn diese können minimal abweichen, sondern eher auf die Herausforderungen, die es zu meistern gilt.

Frühe Kindheit (0 – 2 Jahre)

In der frühen Kindheit baut das Kind eine soziale Bindung zu seinem Umfeld auf. Es lernt, dass Gegenstände oder auch Personen, selbst wenn sie nicht mehr im Blickfeld sind, weiterhin existieren. Ebenso baut es den Zusammenhang zwischen Ursache und Wirkung auf. Es entdeckt, dass es kleben kann, wenn es sich Essen ins Gesicht oder die Haare schmiert. In der frühen Kindheit werden die ersten motorischen Fähigkeiten aufgebaut, z.B. Greifen, Laufen und sich im Kreis drehen.

Kindheit (2 – 4 Jahre)

In dieser Entwicklungsphase entwickelt das Kind seine

feinmotorischen Fähigkeiten. Es lernt zu schneiden, Armbänder und Ketten zu basteln. Die Malbewegungen werden feiner. Zudem erlangt es die Voraussetzungen zum Fahrrad- und Rollerfahren. Ab dem 4. Lebensjahr stellen Kinder fest, dass Menschen unterschiedliche Meinungen haben und andere Entscheidungen treffen, als sie es machen würden. Ein Kind in diesem Alter wird zunehmend von Emotionen gesteuert, was sich auf das seelische Gleichgewicht auswirken kann. Es lernt langsam, nicht geeignetes Verhalten zu unterdrücken und flexibler auf neue Regeln zu reagieren.

Das Kind beginnt damit, Probleme auf andere Menschen oder Gegenstände zu projizieren. Wenn es umknickt, dann waren die Schuhe schuld. Das Kurzzeitgedächtnis kann sich bereits 3-5 Worte in der richtigen Reihenfolge merken, während vertraute Tätigkeiten und Inhalte schneller ins Langzeitgedächtnis befördert werden. Es entwickelt seine eigene Fantasie und glaubt an höhere Mächte und Wesen.

Mittlere Kindheit (5 – 6 Jahre)

Das Lernen in der mittleren Kindheit erfolgt unterschiedlich schnell. Das ist normal und zunächst nicht besorgniserregend. Gerade in diesen beiden Lebensjahren macht das Kind enorme Entwicklungssprünge, da es viel zu entdecken und zu lernen gibt. Es erkennt viel mehr die Rolle des eigenen Geschlechts und erfährt, dass andere Kinder und Erwachsene unterschiedliche Bedürfnisse haben. Es lernt darauf einzugehen, was gemeinsames Spielen deutlich einfacher macht. Dennoch stellt es die Erwartungen von Erwachsenen weiterhin hinter die eigenen. Rollenspiele helfen, Erlebnisse besser zu verarbeiten, sowie Gedanken und Gefühle besser zu ordnen. Beim Spielen geht es dem Kind in dieser Entwicklungsstufe nicht mehr primär um  das Spielen selbst, sondern bereits viel mehr darum, etwas zu erschaffen.

Kinder werden zunehmend neugieriger. Sie stellen Erwachsenen sehr viele Fragen und möchten mehr Teilnahme an ihrem Umfeld. Sie können immer besser ihre Wünsche äußern, aber auch ihr Verhalten klarer begründen. Zudem entwickeln sie weitere körpersprachliche Fähigkeiten. Diese helfen ihnen dabei, sich noch klarer auszudrücken. Damit bringen Sie Körper und Geist zusammen. Sie beschreiben sich in der mittleren Kindheit viel lieber so, wie sie gerne wären, anstatt so, wie sie wirklich sind. Freundschaften entstehen durch ein vertrautes Miteinander und gemeinsame Unternehmungen.

Späte Kindheit (7 – 11 Jahre)

Kinder in dieser Entwicklungsstufe befinden sich in der ersten Hälfte ihrer Schulzeit. Diese Zeit ist entscheidend für die Entwicklung ihrer Motivation. Je nachdem wie ein Kind diese Zeit interpretiert und erfährt, trifft es für sich die Entscheidung, ob sich Anstrengung lohnt und ob es Freude an seinen Tätigkeiten hat. Es entwickelt sein Selbstbewusstsein, seinen Selbstwert und das Bild von sich selbst. In unserer Gesellschaft wird dies jedoch in der Regel von außen geprägt. Eltern, Lehrer, Betreuer oder Freunde sind entscheidend für die seelische Stabilität des Kindes.

Das Denken in dieser Phase ändert sich grundlegend. Kinder können sich mittlerweile in fiktive Situationen hineindenken und Zusammenhänge noch besser analysieren. Der Orientierungssinn verbessert sich, sodass sie sich Wege und Straßen gut einprägen können und den Weg nach Hause finden. Auch die Konzentrationsfähigkeit steigt im Laufe der Jahre, was es möglich macht, mit Lerntechniken arbeiten zu können.

Kinder sind besser in der Lage, sich von dominierendem Spielverhalten zu lösen und Vorgaben von Erwachsenen zu folgen. Sie erlangen die Fähigkeit, Mischgefühle zu produzieren. Das liegt daran, dass gleichzeitig mehrere Gedankengänge zu einem Thema oder einer Situation möglich sind. Wenn ein Kind beispielsweise in den Urlaub fährt, dann kann es sich darüber freuen und gleichzeitig auch traurig darüber sein, dass es nun für eine Zeit nicht mit den Freunden aus der

Nachbarschaft spielen kann. Es erkennt zunehmend, dass nicht alles absolut ist, sondern dass es immer Pro und Contra gibt.

Beim Spielen findet häufig eine Geschlechtertrennung statt. Mädchen sind lieber mit Mädchen zusammen und Jungs eher mit Jungs. Ausnahmen bestätigen selbstverständlich auch hier die Regel.

Jugend und Pubertät (12-18 Jahre)

Das Jugendalter ist sehr stark geprägt von dem Thema der Selbstfindung. Jugendliche wollen herausfinden, wer sie sind, wo sie hinwollen und was andere über sie denken. Sie suchen förmlich den Spiegel im Außen und provozieren die Meinung anderer, um sich selbst definieren zu können. In dieser Zeit ist es selbstverständlich, dass Freunde und Gleichaltrige einen größeren Einfluss bekommen, während der, der Eltern rapide abnehmen kann. In dieser Phase kann es zu einem sehr labilen Selbstwertgefühl kommen, welches sie mit einem Geltungsdrang kompensieren. Wenn Eltern sich in dieser Phase nicht emotional genug von ihrem Kind lösen können, dann neigen sie häufig dazu, stärker zu kontrollieren und alles mitbekommen und mitentscheiden zu wollen. Das führt in der Regel zu enormer Rebellion bei den Jugendlichen. Es kann auch sein, dass die Liebe und Geborgenheit größer werden. Das ist typenabhängig. Meistens ist es so, dass die Beziehung zu den Eltern zwischen Vertrauen und Konflikten schwankt.

Viele Jugendliche verändern ihren Sprachstil und eignen sich eine sogenannte Jugendsprache an. Im elterlichen Umfeld oder in der Schule sind sie jedoch in der Lage, ihr Sprachverhalten wieder anzupassen. In dieser Entwicklungsphase verändert sich nicht nur der Körper und das Verhalten, sondern auch das Gehirn. Neue Gewohnheiten können leichter aufgebaut und alte Gewohnheiten deutlich einfacher abgebaut werden.

Das Interesse für sexuelle Bedürfnisse wächst, was dazu führt, dass sie sich für andere interessieren und ihre Nähe suchen. Die körperlichen Veränderungen variieren oft sehr stark. Während bei dem einen Mädchen die Brüste bereits mit 12 Jahren wachsen, beginnt es bei anderen erst mit 15. Die körperlichen Veränderungen können die Jugendlichen überfordern und zusätzlich stressen. Auch große Wachstumsschübe können dazu beitragen, dass die Jugendlichen ungeschickter werden. Das liegt daran, dass sie sich noch nicht an ihren „neuen" Körper gewöhnen konnten. Sie stoßen sich, ecken an und verletzen sich daher häufiger. Das Äußere spielt nun bei Jugendlichen eine große Rolle. Sie vergleichen sich mit anderen, entwickeln modische Trends und wollen nicht dafür kritisiert werden. Daher folgen sie optisch oft denen, die sich selbst bereits mehr gefunden haben.

Durch die Veränderung im Gehirn können sich Jugendliche deutlich besser und länger konzentrieren. Sie werden aufmerksamer und denken abstrakter. Dadurch, dass sie viel über sich selbst nachdenken, bildet sich die Fähigkeit der Selbstreflexion aus. Trotz des Abnabelungsprozesses bleiben Eltern, aber auch Lehrer meist weiterhin wichtige Bezugspersonen.

4. Welche Bedürfnisse haben Kinder

Die Bedürfnisse von Kindern können in den Altersstufen unterschiedlich sein. Es gibt jedoch Dinge, die alle brauchen. Kinder benötigen vor allem Sicherheit. Sie müssen das Gefühl haben, gut behütet, versorgt und beschützt zu sein. Das ist wichtig, damit sie das Vertrauen ins Leben aufbauen und stabilisieren können. Dazu gehört auch ein großes Maß an Zuverlässigkeit, gerade von den Bezugspersonen. Wenn Eltern zu viele Versprechungen oder Androhungen machen, die sie nicht einhalten, dann schwindet das Vertrauen.

Kinder spielen gerne mit anderen Kindern. Diese sozialen Kontakte sind wichtig, um auch später mit Gleichgesinnten kommunizieren und zusammenarbeiten zu können. Sie brauchen viele Freiräume und auch Rückzugsmöglichkeiten, um auch mal komplett für sich sein zu können. Vor allem ist es aber erforderlich, dass sie in ihrer Persönlichkeit gesehen und mit ihren Entscheidungen akzeptiert werden, auch wenn man die Dinge hin und wieder selbst anders sieht. Ebenso sollten Kinder nicht zu viel Langeweile haben und regelmäßig Herausforderungen meistern können. Das stärkt das Selbstvertrauen.

Selbstverständlich gibt es neben den allgemeinen auch alters- oder phasenspezifische Bedürfnisse, auf die wir als Eltern achten sollten. Kinder, bis zum Alter von 3 Jahren, brauchen einen sicheren und greifbaren Tagesablauf, auf den sie sich verlassen können. Wenn sie

Herausforderungen meistern müssen, ist es wichtig, dass sie von einer Bezugsperson dabei begleitet werden. Ebenso ist ein Rückzugsort für die Körperpflege, das Baden und andere körperliche Erfahrungen sehr wichtig.

Im Alter von 3 bis circa 6 Jahren brauchen die Kinder klare Strukturen, verlässliche Regeln und mindestens eine Bezugsperson. Da sie in dieser Zeit sehr viele soziale Erfahrungen machen sollten, brauchen sie auch mehr Bewegungsfreiraum und sollten viele Entscheidungen selbst treffen. Um der Neugier und dem Wissenshunger gerecht zu werden, macht es Sinn, ihnen viel Zeit, Bastelmaterialien, Bücher und kreative Ideen zur Verfügung zu stellen.

Sobald Kinder in die Schule kommen, wird es immer wichtiger, dass sie ihre eigene Rolle unter den Gleichaltrigen finden. Während sie im Kindergarten zum Schluss zu den Großen gehörten, ist nun die Zeit gekommen, den Platz auf Augenhöhe mit anderen zu finden. Dafür brauchen sie die Auseinandersetzungen mit Werten und moralischen Aspekten, aber auch gleichberechtigte Strukturen, in denen sie mitbestimmen können und dürfen.

In der späten Kindheit, vom 7. bis zum 11. Lebensjahr, brauchen Kinder viel Liebe, Geborgenheit und Geduld. Um ein starkes Selbstbild zu formen, ist es sinnvoll, dem Kind viele neue Erfahrungen zu ermöglichen und positives Feedback, in Form von Anerkennung und Lob auszusprechen. Gemeinsame Rituale und Erlebnisse transportieren auf emotionaler Ebene eine ganz besondere Art der Zuwendung und Sicherheit. Sie sollten jedoch darauf achten, dass Sie den Kalender nicht zu vollpacken, damit Ihr Kind nicht überfordert wird, sondern die Zeit auch wirklich genießen kann.

5. Wie Sie die Trotzphase meistern

Kommen wir nun zu einem Herzstück der Kindererziehung. Wenn das Wunschkind während der Trotzphase außer Kontrolle gerät, dann sind viele Eltern oftmals überfordert. Sie sind ständigen Wutanfällen und Widerständen ausgesetzt.

Diese Phasen sind besonders wichtig für Kinder, da sie daraus ihr „Ich" entdecken. Sie bemerken, dass sie eigenständige Menschen sind, Themen hinterfragen können und in der Lage sind, eigene Entscheidungen zu treffen. In der Regel gibt es drei dieser Trotzphasen. Im Alter von 2 Jahren, dann zwischen 4 und 6 Jahren, sowie zwischen 9 und 13 Jahren.

Dadurch, dass Kinder zunehmend Dinge hinterfragen, wie z.B. die Essensgewohnheiten, den Kindergarten, die Schule, häusliche Regeln, kann es zu Reaktionen kommen, die Eltern oft als übertrieben empfinden. Es wird gebrüllt, beleidigt, geschlagen oder es fliegen Sachen durch die Gegend. Sie können jedoch ganz beruhigt sein. Das gehört zur Entwicklung dazu und ist zunächst kein Zeichen von einer Verhaltensstörung oder Ähnlichem. Es liegt einfach daran, dass sich die eigene Persönlichkeit, der eigene Wille und das Ich-Bewusstsein entwickeln. Kinder lernen, dass sie eigene Gefühle haben. Diese werden oft so stark, dass sie erst noch üben müssen, diese zu regulieren.

Clarissa war 5 Jahre alt und gerade tief in ihrer zweiten Trotzphase. An einem schönen, aber sehr kalten Wintertag wollte sie draußen einen Schneemann bauen. Der Papa hatte eigentlich keine Lust, ließ sich jedoch überreden. Clarissa weigerte sich jedoch eine Jacke anzuziehen und meinte, dass der Pullover reichen würde. Auch die Handschuhe wollte sie nicht mitnehmen. Ihr Papa sagte, dass er so nicht mit ihr rausgehen werde, ging dabei wieder ins Wohnzimmer und setzte sich auf das Sofa. Clarissa fing auf einmal an zu schreien und schmiss ihre Schuhe durch den Flur. Der Papa schickte sie dann ins Zimmer. An diesem Tag wurde kein Schneemann mehr gebaut.

Solche oder ähnliche Szenen erleben viele Eltern. Es ist eine Möglichkeit, wie der Papa von Clarissa zu reagieren. Dennoch sorgt es für viel Frust Ärger und Konfrontation. Wenn Sie eine solche Situation einfacher und vor allem auch nachhaltiger meistern möchten, dann empfehle ich Ihnen einfach, das Kind ohne Jacke und Handschuhe rausgehen zu lassen. Es wird sicherlich sehr schnell merken, dass es zu kalt ist und es so keinen Spaß macht, einen Schneemann zu bauen. Der Vorteil ist, dass es eine Erfahrung macht und daraufhin eine neue Entscheidung trifft. Das setzt sich viel schneller im Langzeitgedächtnis fest, als wenn sie sich streiten. Nehmen Sie einfach die Jacke und die Handschuhe unter den Arm und geben Sie Ihrem Kind die Möglichkeit, aus den eigenen Entscheidungen zu lernen. Sie selbst geraten dabei völlig aus der Schusslinie und stören die Beziehung nicht.

Jonas war 9 Jahre alt und ein ziemlich wilder Zeitgenosse. Seine Schwester Lisa war damals 4 und ebenfalls sehr temperamentvoll. Zunächst spielten beide in Jonas Zimmer. Er war ein Fan von Superheldenfiguren. Oft funktionierte es für ein bis zwei Stunden sehr gut mit den beiden. Doch irgendwann kippte meistens die Stimmung, genau  wie an jenem Tag. Lisa war gelangweilt, weil sie immer machen musste, was Jonas wollte. Sie nahm sich zwei Figuren und wollte in ihr Zimmer gehen. Jonas fing an, sie anzuschreien, zog dabei an ihrem T-Shirt und schubste sie dann in die Ecke. Lisa begann zu weinen. Doch Jonas hörte nicht auf. Er brüllte sie an und riss ihr die Figuren aus der Hand. Dann kam die Mama die Treppe hochgeschossen und schimpfte mit beiden. Lisa sollte in ihr Zimmer gehen und Jonas sofort sein Zimmer aufräumen und die Schultasche für den nächsten Tag packen. Lisa stampfte in ihr Zimmer und warf ihre Kuscheltiere durcheinander, während Jonas weiter vor sich hin brabbelte und seine Wut unterdrückte.

Kinder streiten sich häufig. Das ist auch gut so und wichtig für ihre Entwicklung. In dieser Situation mit Lisa und Jonas wäre es förderlicher gewesen, wenn die Mutter sich in Ruhe in den Raum gekniet und mit beiden gesprochen hätte. Jonas sollte ein Verständnis dafür entwickeln, dass Gewalt und Aggressivität nicht der richtige Weg sind. Durch Schimpfen wird das Verhalten eher verstärkt. Wenn man jedoch auf Augenhöhe mit dem Kind darüber spricht, hat es die Chance dazuzulernen und sein Verhalten zu überdenken. So kann es beim nächsten Mal einen anderen Weg wählen. Gerade bei kleineren Geschwistern haben die größeren unbewusst eine Vorbildfunktion. Die Gefahr besteht, dass Lisa sich auch zukünftig mit aggressiven Mitteln zur Wehr setzen möchte. Daher sollte man ruhig und bedacht handeln, das Gespräch suchen und so schnell wie möglich wieder Frieden schließen.

Wenn Sie ein Kind haben, was auch zu aggressivem Verhalten neigt und es nicht kurzfristig abstellen kann, dann sprechen Sie offen darüber und bieten eine Alternative an, z.B. in ein Kissen zu hauen oder ein Wut- Ball zu zerquetschen. All das ist förderlicher, als jemanden zu verletzen.

Gerade in den heißen Trotzphasen ist es wichtig, dass Sie selbst auf sich achten und seelisch stabil sind. Das wird sich auf Ihre Kinder sehr positiv auswirken. Reden Sie sich selbst gut zu und machen Sie sich klar, dass es sich nur um eine Phase handelt, die wichtig für die Entwicklung Ihres Kindes ist. Niemandem ist geholfen, wenn Sie schimpfen oder die Fassung verlieren. Bleiben Sie stark und gelassen, auch, wenn es mal schwer wird.

Bleiben Sie in jedem Fall konsequent. Wenn Sie 10mal „Nein" sagen und beim 11. Mal nachgeben, dann kann das fatale

Folgen haben. Bleiben Sie bei dem, was Sie zuerst gesagt haben. Das hilft ihrem Kind mit der Zeit, frustrierende Situationen und negative Emotionen besser zu regulieren.

In keinem Fall dürfen Sie die Trotzreaktionen persönlich nehmen. Es ist eine Phase und da müssen Sie einfach durch. Seien Sie ein gutes Vorbild und lassen Sie sich nicht von ihrem Kind anstecken. Schließlich soll es Ihnen langfristig folgen und nicht umgekehrt. Das Beste, was Sie tun können, ist, Ihrem Kind mit Verständnis und Aufmerksamkeit zu begegnen. Helfen Sie ihm, die Gefühle benennen zu können. Denn Bewusstsein ist bereits der erste Schritt für eine erfolgreiche Gefühlsregulation.

6. Tipps & Methoden für ein entspannteres Familienleben

Im Folgenden gehen wir gemeinsam durch die häufigsten familiären Situationen. Sie können alle sehr stressig und kraftraubend sein, jedoch auch schön und erlebnisreich. Es liegt oft daran, wie wir, als Eltern, mit den Situationen umgehen. Ich zeige Ihnen, wie Sie auf die Gefühlswelt Ihres Kindes eingehen und eine starke Selbstkontrolle fördern. Wenn das Kind nicht hören will, sich mit den Geschwistern streitet, Pflichten verweigert, nicht schlafen, baden oder Zähneputzen möchte, dann müssen Sie noch lange nicht den Kopf in den Sand stecken. Wenn das Einkaufen, einige Familienausflüge, Kindergarten-, Essens- oder Schulsituationen bisher stressig waren, dann bekommen Sie nun von mir die Tipps, die Ihnen helfen können, ohne Schimpfen die Situationen zu verbessern. So erziehen Sie Ihr Kind zu einem selbständigen Menschen.

Umgang mit starken Gefühlen

Gefühle spielen in unserer Gesellschaft eine viel zu geringe Rolle. Das ist sehr schade, da sich eigentlich das ganze Leben darum dreht. Wenn Babys geboren werden, können sie noch nicht denken und sprechen. Sie erleben alles über Ihre Gefühlswelt und handeln auch danach. Wenn sie sich nach Wärme sehnen, Hunger oder Schmerzen haben, dann drücken sie sich durch Schreien oder Weinen aus. Wenn Sie mit einem Baby sprechen, dann kann es Sie zwar hören, jedoch nicht verstehen.

Es nimmt die Worte nur als Laute auf. Sind Sie dabei liebevoll, ernst, streng oder aggressiv, dann spürt das Baby das. Die große Herausforderung, ganz speziell in den ersten Lebensjahren, ist es, mit der Gefühlswelt umgehen zu lernen. Was viele nicht wissen, ist, dass kleine Kinder genau deshalb so viel Bestätigung von außen benötigen. Um ein starkes Selbstwertgefühl aufzubauen, brauchen Sie jede Menge Signale von ihrer Umgebung, dass jedes Gefühl, was sie erleben, in Ordnung ist. Dadurch gelingt es Ihnen, den Grundstein für eine emotionale Ausgeglichenheit zu schaffen.

Gerade für Eltern, die im Beruf stark gefordert werden, noch weitere Kinder haben oder noch unerfahren sind, ist das eine nicht zu unterschätzende Aufgabe. Denn es gelingt nicht immer sofort, ein schreiendes Kind zu beruhigen. Niemand möchte, dass sein Kind unglücklich, traurig oder gestresst ist. Das nagt manchmal am eigenen Ego. Bleiben Sie dennoch dabei gelassen, liebevoll und entspannt. Gefühle lassen sich nicht einfach abschalten und schon gar nicht unterdrücken. Dann kommen sie irgendwann in doppelter Dosis zurück. Viele psychische Probleme in der Kindheit und Jugend werden durch den falschen Umgang mit Gefühlen und Emotionen produziert. Durch eine liebevolle Beziehung zu positiven und negativen Gefühlen wachsen starke Kinder heran. Daher ist es wichtig, nicht nur den Moment zu beurteilen und darauf hin zu handeln, sondern langfristig zu denken. Lehnen Sie die Gefühle Ihres Kindes ab, so lehnt es sie automatisch selbst ab. Das kann dazu führen, dass es wütend, aggressiv oder launisch wird und aus vielen Situationen ein Drama macht. Das ist dann oft der verzweifelte Versuch, verstanden zu werden.

Aus eigener Erfahrung weiß ich, dass die meisten Eltern ihre Kinder wirklich lieben und es nur gut meinen. Gut gemeint ist jedoch nicht immer gut gemacht. Nur weil Sie vielleicht mal ein schlechtes Gewissen haben oder Ihr Kind vor emotionalen Tiefpunkten beschützen wollen, ist es noch kein Grund, beunruhigt zu sein. Vielleicht haben Sie in den letzten Jahren nicht sehr zielführend reagiert. Das ist nicht schlimm. Sie haben immer noch die Möglichkeit, ab sofort alles anders zu machen.

Larissa ist 4 Jahre alt geworden und hat Angst vor Wasser. Ihre Eltern Tom und Maria gehen jedoch für ihr Leben gerne schwimmen. Ihre Tochter weigert sich jedoch und beginnt sofort zu weinen. Selbst das Baden ist immer ein Drama. Maria erzählte mir davon. Ich fragte sie, wie sie denn darauf reagiert. Sie berichtete, dass sie bereits vieles ausprobiert hat. Sie haben versucht, Larissa abzulenken, ihr Mut zuzusprechen, doch nichts half wirklich.

Ich erzählte Maria, dass es nicht hilfreich ist, zu versuchen, die Gefühle ihrer Tochter wegzuschieben. Äußerungen, wie: „Schau mal, das Wasser ist doch schön. Du schaffst das. Du brauchst keine Angst zu haben.", sind ein Versuch, die Gefühle zu verdrängen. Ein Kind bekommt den Eindruck, dass es nicht gut ist, so zu fühlen, wie es das gerade tut. Dadurch fühlt es sich nicht ernst genommen. Das kann irgendwann dazu führen, dass die Angst noch größer wird oder sich das Kind seinen Eltern nicht mehr mitteilen will. Es schottet sich ab und macht zu.

Ebenso wenig sollte man sich auf die Schwingung des Kindes begeben. Manche Eltern werden laut, hysterisch oder zickig, weil die Situation sie überfordert. Wenn ein Kind merkt, dass die Eltern überlastet sind, dann baut es selbst ein zu geringes Nervenkostüm auf und versucht zukünftig seine Gefühle zu verbergen. Das ist alles nicht hilfreich, auch wenn es gut gemeint ist.

Ich gab Maria den Tipp, ganz offen mit Larissa darüber zu sprechen und ihr zu signalisieren, dass sie sieht, wie es ihr geht und dass es okay ist, Angst vor Wasser zu haben. Dadurch vermittelt sie ein Gefühl von Sicherheit. Das führt dazu, dass Larissa irgendwann selbst lernt, diese Sicherheit zu entwickeln. Anschließend empfahl ich ihr, Larissa das Gefühl mal beschreiben zu lassen. Das hilft dabei, ein besseres Bewusstsein für die Angst aufzubauen. Am nächsten Tag rief Maria mich an. Sie erzählte mir, dass Larissa gerade in der Badewanne sitzt und fröhlich planscht. Sie war einfach meiner kleinen Anleitung gefolgt. Dadurch zog das Gefühl der Angst durch die junge Dame hindurch und verschwand. Danach fragte sie, ob sie das mit dem Baden nochmal ausprobieren können. Wundervoll, oder?

Nicht immer funktioniert es so schnell und reibungslos. Manchmal braucht man einen sehr langen Atem und viel Zeit, damit Kinder den nächsten Schritt gehen. Mit Schimpfen, Schreien, Verdrängen und Ignorieren hingegen machen Sie eher Rückschritte und schädigen das Vertrauen und die Bindung.

Lars, ein kleiner 6-jähriger Junge aus der Nachbarschaft, erzählte mir, dass in seinem Zimmer ein Geist war. Er hat dort einen rot lackierten Holzstuhl. Wenn er sich abends zum Schlafen umzog, legte er seine Anziehsachen immer auf diesen Stuhl. Eines Abends ging er ins Bad, um sich wie jeden Abend die Zähne zu putzen. Als er zurück in sein Zimmer wollte, da sah er, dass jemand Unbekanntes auf diesem Stuhl saß. Er bekam einen Schreck und rannte ins Wohnzimmer zu seinem Papa und erzählte ihm, dass ein Geist in seinem Zimmer ist. Dieser machte das einzig richtige. Er fragte Lars, wie der Geist denn aussah. Der Kleine sprach von einer dunkelblauen Gestalt. Der Papa fragte nach dem Namen, doch Lars wusste ihn nicht. So überlegten Sie sich gemeinsam den Namen Casper. Den kannten sie beide aus einem Film. So bekam er gleich einen liebevollen und beschützenden Charakter. Der Papa sagte: „Vielleicht hat er sich verlaufen oder hat kein Zuhause." Sie gingen Hand in Hand in Lars Zimmer. Doch es war kein Geist mehr zu sehen. Lars Papa sah sofort klar, dass die Anziehsachen so auf dem Stuhl lagen, dass man von weitem glauben könnte, dass dort jemand sitzt. Doch er schwieg, denn Lars fühlte sich bei dem Gedanken an Casper absolut sicher und ernstgenommen.

Alle Gefühle, die wir selbst als negativ bewerten, sollten wir bei unseren Kindern als dankbare Geschenke annehmen. Wenn wir ihnen das Gefühl geben, dass sie diese korrigieren sollten, dann tun wir ihnen nicht gut damit. Ganz gleich, ob Ihr Kind traurig, wütend, verängstigt oder frustriert ist, es ist eine Chance die Bindung zu festigen und eine starke Persönlichkeit heranwachsen zu lassen.

Wie Kinder Selbstkontrolle lernen

Walther Michel war Mitte der sechziger Jahre ein junger Professor der Stanford University. Dort haben sie Kinder im Alter von 4-5 Jahren zu einem Spiel eingeladen. Er stellte die Kinder jeweils vor die Wahl, direkt ein Marshmallow essen zu können oder einen zweiten zur Belohnung zu bekommen, wenn sie es schafften, noch etwas zu warten. Die Kinder saßen dann jeweils alleine in einem Raum. Durch eine getönte Glasscheibe konnte man sie beobachten. Einige wurden nervös, fingen an zu wippen, zu zappeln und aßen das Marshmallow in weniger als einer Minute auf. Andere hingegen schafften es fünfzehn Minuten zu warten und erhielten dann dafür auch einen zweiten zur Belohnung. Bei der Beobachtung der Kinder konnte man sehen, dass sich einige, die sehr gut durchgehalten hatten, abgelenkt hatten. Einige verschlossen die Augen, andere hatten sich die Sandalen ausgezogen

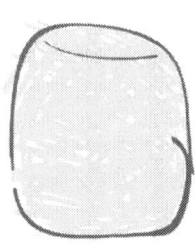

und mit ihren Zehen gespielt und wieder andere hatten sich einfach umgedreht und an die Wand geschaut. Jetzt hat man diese Kinder im Laufe ihres Lebens weiter beobachtet und stellte fest, dass bereits nach zehn Jahren die Kinder, die bei dem Test ein höheres Durchhaltevermögen hatten, sich deutlich besser konzentrieren konnten, als die Kinder, die das Marshmallow direkt aßen. Und weitere Jahre später konnte man beobachten, dass die Kinder mit dem höheren Durchhaltevermögen deutlich erfolgreicher in ihrem Beruf waren als die anderen. Walter Michel erklärte, dass ein deutlicher Zusammenhang zwischen der Selbstkontrolle im kindlichen Alter und der Selbstkontrolle im Erwachsenenalter besteht.

Dieser Versuch ist natürlich ein Zeichen dafür, dass Kinder durch die Veränderung ihrer Wahrnehmung automatisch mehr Selbstkontrolle haben. Energie folgt immer der Aufmerksamkeit. Wenn ein Kind die ganze Zeit auf dieses Marshmallow schaut, ihm dann das Wasser im Munde zusammenläuft und der Bauch noch anfängt zu knurren, dann fällt es selbstverständlich besonders schwer, dem zu widerstehen. Wenn das Kind jedoch seine Wahrnehmung verändert und sich vorstellt, dass dieses Marshmallow gar nicht echt ist, die Augen verschließt und sich etwas anderes vorstellt und somit seinen Fokus verlagert, dann fällt es plötzlich deutlich leichter, mehr Selbstkontrolle aufzubauen.

Im Alltag ist es so, dass Kinder ab dem zweiten Lebensjahr Selbstkontrolle lernen, wenn Eltern zu etwas „Nein" sagen und dies auch gilt. Ebenfalls ist es förderlich, nicht alle Wünsche und Bedürfnisse sofort zu erfüllen, sondern das Kind warten zu lassen und diese Zeit liebevoll zu gestallten. So hat es die Chance, die eigene Impulskontrolle weiter auszubauen.

Ich erinnere mich noch an meine eigene Kindheit. Zu Weihnachten haben meine Eltern es immer besonders spannend gemacht. Die ganze Adventszeit über war ich nervös und aufgeregt, welche Geschenke ich wohl bekommen würde. Andere Kinder in meinem Alter wussten teilweise schon vorher, was sie bekamen. Ich muss zugeben, dass ich es damals auch gerne gewusst hätte, doch lernte ich gerade in dieser Zeit besonders gut, meine Impulse zu kontrollieren und abzuwarten. Meine Eltern zelebrierten das Weihnachtsfest förmlich. An Heiligabend wurde der Tannenbaum geschmückt und die Geschenke ausgebreitet. Ich durfte jedoch nie ins Wohnzimmer. Ich schaute währenddessen einen Film oder malte etwas. Pünktlich um 18 Uhr durfte ich dann ins Wohnzimmer. Ich war immer so aufgeregt und neugierig. Doch dann gab es erstmal ganz gemütlich das Festessen. Gegen 19:00 Uhr, manchmal sogar 19:30 Uhr, durfte ich dann die ersten Geschenke öffnen. Und ein Geschenk musste ich immer für den nächsten Tag übriglassen. In den ersten Jahren nahm ich immer das kleinste Paket. Später ließ ich das größte Geschenk übrig. So lernte ich, ganz unbewusst, meine Selbstkontrolle zu verbessern ohne es selbst zu merken. Heute bin ich sehr dankbar dafür.

Wenn Sie feststellen, dass Ihr Kind sehr viel überschüssige Energie hat, gefühlsmäßig oft aufgewühlt ist oder noch Schwierigkeiten hat, sich selbst zu regulieren, dann kann es hilfreich sein, einen Ausgleich dafür zu finden. Dabei können sportliche Aktivitäten sehr wertvoll sein. Vielleicht haben Sie in der Nähe eine Auswahl an Vereinen. Oft eignen sich Mannschaftssportarten besonders gut. Dabei powern sich die Kinder aus und können gleichzeitig ihre sozialen Fähigkeiten erweitern. Sie lernen Teamgeist, Zusammenhalt, Stress abzubauen und sich selbst zu regulieren.

Was, wenn das Kind nicht hören will?

Wir alle haben schon mal erlebt, dass ein Kind nicht hören will. Sie haben ihm eine Aufgabe gegeben, doch es macht genau das Gegenteil. Wir fragen uns, ob es uns ärgern möchte. Dabei liegt das Problem oft ganz woanders.

Tanja hat einen 3-jährigen Sohn. Er ist sehr temperamentvoll und stürmisch. Sie erzählte mir von einer Situation am Essenstisch. Ständig fiel der Löffel, die Gabel oder ein Messer auf den Boden. Zunächst dachte sie, dass der Kleine einfach ungeschickt gewesen war. Doch er machte es absichtlich. Tanja bat ihn, das nicht mehr zu machen. Mit lachendem Gesicht machte er einfach munter weiter. Das Besteck fiel und er hob es wieder auf. Seine Mama war sichtlich genervt. Als sie mir die Situation anvertraute, konnte ich sie beruhigen. Ich erzählte ihr, dass Kinder erst im Alter von ungefähr vier Jahren langsam die Fähigkeit entwickeln, sich in andere einzufühlen. Daher kann man unbesorgt davon ausgehen, dass das Kind es nicht böse meint und niemanden wirklich ärgern möchte. Wahrscheinlich war der Junge einfach nur fasziniert davon, wie die Schwerkraft funktioniert. Wenn Eltern in solchen Momenten schimpfen oder laut werden, dann kann das Kind seinen Forschergeist verlieren, weil es glaubt, dass es nicht in Ordnung ist, neue Dinge herauszufinden. Es kommt zwangsläufig zu einem

Missverständnis in der Kommunikation.

Bei Kindern über 4 Jahren, kann man davon ausgehen, dass sie bereits über ein Mindestmaß an Empathie verfügen. Hier ist das Problem in der Kommunikation selbst zu suchen. Wenn Eltern sich nicht klar und verständlich dem Kind gegenüber ausdrücken, kann es ebenfalls zu Irritationen kommen.

Sabine erzählte mir von ihren beiden Zwillingen. Sie berichtete mir davon, dass es immer ein großes Chaos wäre, wenn sie gemeinsam auf dem Spielplatz sind. Sabine hatte das Gefühl, dass ihre beiden Ladys immer das Gegenteil von dem tun, was sie ihnen sagte. Ich erklärte ihr, dass das kindliche Bewusstsein oft das Wort „nicht" herausfiltert. Niemand meint es böse in diesem Moment. „Nicht weglaufen" heißt dann: „Weglaufen". „Nicht mit Sand werfen" bedeutet dann: „Mit Sand werfen". Es ist wichtig, dass Sie klar ausdrücken, was Sie wollen, nicht, was Sie nicht wollen. Durch einen Kommunikationsstil mit vielen Negationen machen Sie sich das Leben nur selbst schwer. Formulieren Sie Bitten, Wünsche oder Aufforderungen idealerweise in der Ich-Form und begründen Sie kurz in einem Nebensatz, warum Sie das möchten.

Kinder, die gerade einen eigenen Willen entwickeln, möchten gerne zunehmend selbst entscheiden, wann sie was machen. Das kann zu Streitpotential führen. Sie bleiben dabei jedoch ruhig und gelassen und beugen dem Ganzen vor. Setzen Sie einfach Fristen. So kann sich Ihr Kind die Zeit selbst einteilen. Sie könnten z.B. sagen: „Bis zum Abendessen möchte ich, dass du dein Zimmer aufgeräumt hast, damit wir später noch eine Geschichte lesen können" oder: „Bis es dunkel wird, möchte ich, dass du deine Hausaufgaben gemacht hast, damit du später noch dein neues Hörbuch hören kannst."

Wenn Kinder sich jedoch wehren und sich weigern, dann kann es daran liegen, dass sie gerne ihre eigenen Grenzen mitteilen möchten. Sie möchten ihren Willen verteidigen und gleichzeitig herausfinden, wie standhaft die Eltern wirklich sind. Auch hier bleiben Sie cool und gelassen. Selbstverständlich lassen Sie sich nicht auf der Nase herumtanzen und alles durchgehen. Dennoch gehen Sie mit Wertschätzung an die Sache heran, denn Ihr Kind möchte möglicherweise genau das von Ihnen. Machen Sie sich bewusst, dass Druck immer Gegendruck erzeugt. Nehmen Sie jedoch den Druck aus der Situation heraus, dann können Sie Ihr Kind einfacher dazu bewegen, doch umzudenken. Das bedeutet nicht, dass Sie nicht verärgert sein dürfen. Ganz im Gegenteil. Sagen Sie Ihrem Kind klar, was Sie ärgert: „Es ärgert mich, wenn du den Löffel immer fallen lässt.", „Es ärgert mich, wenn du deine Hausaufgaben nicht pünktlich machst.", „Es ärgert mich, wenn du dich nicht an unsere Absprachen hältst." Sagen Sie aber auch ganz klar, was Sie möchten: „Ich möchte, dass der Löffel in deiner Hand bleibt oder auf dem Tisch liegt.", „Ich möchte, dass du deine Hausaufgaben pünktlich erledigst.", „Ich möchte, dass du dich an unsere Absprachen hältst." Geben Sie immer eine Chance, dass ihr Kind die Situation wieder korrigieren kann und lassen Sie ihm die Wahl: „Entweder du behältst den Löffel jetzt in der Hand oder du legst ihn auf den Tisch.", „Entweder du machst deine Hausaufgaben pünktlich vor dem Abendessen oder du musst Sie immer direkt nach der Schule machen.", „Entweder du hältst dich an unsere Absprachen oder ich muss die Regeln verschärfen." Wichtig ist, dass Sie, wenn Ihr Kind dennoch nicht entsprechend reagiert, handeln und tatsächlich tun, was Sie angesprochen haben. Ansonsten werden Sie nicht ernst genommen. Wenn Ihnen mal, aus dem Ärger heraus, etwas rausrutscht, wie: „Wenn du jetzt dein Zimmer nicht aufräumst, dann schmeiß ich die Sachen alle in den Müll", dann sollten Sie es so schnell wie möglich  korrigieren und sagen: „Das mache ich natürlich nicht, aber ich möchte, dass du jetzt aufräumst, damit wir nachher noch was zusammen spielen können."

Probleme unter Geschwistern

Wer mehr als ein Kind hat, weiß sicherlich sehr gut, wie leidenschaftlich Geschwister streiten können. Wenn Sie selbst welche haben und mit ihnen aufgewachsen sind, dann wissen Sie es möglicherweise sogar aus eigener Erfahrung. Streitereien können unterschiedliche Gründe und Ursachen haben. Je nachdem wie alt ihre Kinder sind, kann es daran liegen, dass sie noch nicht sehr geübt im sozialen Verhalten sind. Gerade jüngere Kinder haben noch Schwierigkeiten damit, sich mit den Wünschen und Bedürfnissen anderer auseinanderzusetzen. Das ist völlig normal.

Oftmals geht es aber auch um die Aufmerksamkeit der Eltern. Sie wollen gesehen werden, herausfinden ob die Eltern ernst meinen, was sie sagen oder prüfen, auf welche Seite sie sich stellen. Der größte Fehler, den Sie machen können, ist es, sich in die Streitereien einzumischen. Es ist ganz natürlich, dass Geschwisterkinder wissen möchten, wen die Eltern mehr lieben. Wenn Sie sich darauf einlassen, dann haben Sie in fast jedem Fall verloren. Vielleicht beruhigen Sie die Situation für einen kurzen Moment. Sie können sich aber sicher sein, dass ein weiterer Machtkampf vorprogrammiert ist. Zudem ist es kaum möglich die Situationen genau zu überblicken und herauszufinden, wer tatsächlich wie gehandelt hat. Die Älteren setzen gerne ihre körperliche Stärke ein, während die Kleineren häufig ihre  Unterlegenheit zur Schau stellen und sich als Opfer des Streits präsentieren. Viele Eltern stellen sich daher auf die Seite der Jüngeren, da sie scheinbar mehr Schutz brauchen. Damit stellen sie sich jedoch automatisch gegen die Größeren. Das ist für Niemanden gut. Wenn es also die Möglichkeit gibt, sich rauszuhalten, dann sollten Sie das tun. Stellen Ihre Kinder fest, dass es sich gar nicht lohnt, um die Aufmerksamkeit der Eltern zu kämpfen, dann denken sie auch eher darüber nach, Streitereien aus dem Weg zu gehen.

Antonia hat zwei Mädchen mit einem Altersunterschied von 2 Jahren. Romina ist die ältere und Samia die Jüngere. Romina war seit der Geburt sehr anlehnungsbedürftig. Seitdem jedoch ihre kleine Schwester hinzukam, spürte sie, dass sie nicht mehr die volle Aufmerksamkeit bekam. Je älter auch Samia wurde, desto mehr ärgerten und zankten sich die beiden. Romina schubste ihre kleine Schwester, verpetzte sie, machte sie schlecht, fand jedes Bild hässlich, was sie malte. Sie zeigte ihr förmlich, wer die Chefin im Ring ist. Zu Beginn der Schulzeit führte es dazu, dass Samia starke Selbstwertprobleme bekam. Sie traute sich nicht zu, Aufgaben zu rechnen, hatte Angst vor dem Lesen. Das lag daran, dass ihr jahrelang gesagt und gezeigt wurde, dass sie zu blöd dafür sei. Es entstand eine starke emotionale Abhängigkeit zu ihrer großen Schwester. Ihr Urteil war ihr derart wichtig, dass selbst die erwachsenen Bezugspersonen hilflos waren. Diese Situation war entstanden, weil die Eltern immer versucht hatten, den Streit zu schlichten. Es entstand ein klassisches Dramadreieck. Samia war das Opfer, Romina die Bösewichtin und die Eltern die Retter. Das kann langfristig nur schiefgehen. Leider bemerkten die Eltern erst sehr spät, was geschah. Romina zog mit 18 aus und hatte kaum noch Kontakt zu ihren Eltern. Samia brach die Schule, wegen Überforderung, nach der 9. Klasse ab und musste einige Jahre psychologisch begleitet werden. Dabei hatten die Eltern es wirklich gut gemeint. Nur eben nicht gut gemacht.

Lassen Sie sich also nicht in die Situation des Schlichters oder Retters drängen. Gerade Geschwisterkinder streiten sich sehr oft. Manchmal geht es um Aufmerksamkeit, sie sind gelangweilt oder einfach nur müde. Versuchen Sie die Situation zu entschärfen, indem Sie andere Beschäftigungen vorschlagen oder angemessene Regeln festlegen. Ältere sollten z.B. nicht automatisch mehr dürfen. Das bringt ein Ungleichgewicht in die Stimmung. Koppeln Sie Regeln und Aufgaben lieber an ein konkretes Alter, z.B. ab 6 Jahre geht es um 19:00 Uhr ins Bett, ab 8 Jahre um 19:30 Uhr und ab 10 Jahre um 20:00 Uhr. So können Sie das immer vernünftig erklären und es entsteht nicht der Eindruck, Sie haben jemanden lieber.

Entschärfen Sie Streitereien so, dass die Geschwister eine bessere Möglichkeit bekommen, wieder Frieden zu schließen. Lassen Sie sich erklären, was passiert ist, ohne den mahnenden Zeigefinger zu erheben oder sich inhaltlich einzumischen und motivieren Sie beide, das Kriegsbeil zu begraben. Das hat enorme Vorteile, denn Kinder, die in der Lage sind, sich zu zoffen, aber auch wieder zu vertragen, stärken durch diesen Prozess ihre Bindung zueinander. Oft funktioniert das sogar erstaunlich schnell.

Wenn eines der Kinder zu aufgebracht ist, um Frieden zu schließen, dann ist auch das eine wundervolle Möglichkeit, um mit der Gewaltfreien Kommunikation zu arbeiten. Zeigen Sie Verständnis für das Gefühl. Erklären Sie auch dem anderen Kind, was gerade los ist. Bewerten Sie das Verhalten nicht. Ist die Wut oder die Aggressivität noch zu groß, dann sollten die Kinder räumlich getrennt werden. Um der Gefahr zu entgehen, dass es aussieht, als würden Sie sich einmischen, können Sie einfach eine Regel mit den Kindern vereinbaren. Wenn jemand richtig wütend und sauer ist, soll der andere freiwillig den Raum verlassen. Diese Regel muss jedoch für alle gleichermaßen gelten.

Ich erlebe es immer wieder, dass man Eltern empfiehlt, sich nicht vor den Kindern zu streiten. Dazu kann ich „Ja" und „Nein" sagen. Es kann aber sogar sehr förderlich sein, einen Streit vor den Kindern auszutragen. Sie agieren als Vorbild. Wenn Sie Ihre Konflikte so austragen, wie Sie es sich von Ihren Kindern wünschen, dann machen Sie alles richtig. Das Leben besteht nun mal nicht nur aus reibungslosen Abläufen. Das sollten Sie ihren Kindern auch nicht vermitteln. Tragen Sie respektvoll Ihre Konflikte aus und zeigen Sie, dass Sie sich ganz schnell wieder versöhnen. Kein Schreien, kein Türenknallen! Begegnen Sie dem anderen liebevoll und mit Respekt. Selbstverständlich klären Sie Themen, die Ihre Kinder nicht mitbekommen sollen, unter vier Augen. Es sollte in dem Streit auch nicht um die Kinder gehen. Dadurch spalten Sie Kräfte und laufen dabei Gefahr, dass sich die Sprösslinge auf eine Seite schlagen.

Nehmen Sie also die Herausforderung an und gehen souverän, gelassen und entspannt an die Auseinandersetzungen und Streitereien Ihrer Kinder heran. Es sind wundervolle Möglichkeiten, um das Sozialverhalten auf ein höheres Level zu heben.

Verweigerung von Pflichten (Haushalt etc.)

Bernadette, eine vierfache Mutter aus einem Nebenort, erzählte mir, dass sie ihre Kinder im Haushalt mitwirken lässt. Das gefällt ihnen gar nicht. Ständig gibt es deswegen Diskussionen und Streit. Die ersten Jahre hat Bernadette alles selbst gemacht. Sie hat die Wäsche gewaschen, gebügelt, aufgeräumt, gekocht, den Kindern Frühstück gemacht und die Kinderzimmer geputzt. Sie bemerkte irgendwann, dass ihre vier Kinder sich daran gewöhnten, aber auch alles stehen und liegen ließen. Für eine Mutter kann das sehr frustrierend sein. Und so hat sie sich entschlossen, einen Plan aufzustellen, sodass alle im Haushalt mitwirken. Was sie nicht beachtete, war, dass ihre Kinder es als Bestrafung empfanden, da Bernadette regelmäßig ihren Frust äußerte und ihren Plan auch damit begründete.

In vielen Familien wünschen sich die Eltern, dass sich ihre Kinder im Haushalt beteiligen. Das macht auch absolut Sinn, denn dadurch lernen sie, Verantwortung zu übernehmen. Wichtig dabei ist, dass sie mit der Zeit auch das Gefühl entwickeln, dass es ihnen Freude machen kann. Kommt es wie eine Bestrafung rüber, birgt das häufig großes Konfliktpotential.

Wenn Kinder keine Lust auf Tätigkeiten im Haushalt haben, dann erledigen sie die Aufgaben meist nur sehr halbherzig, nur sporadisch oder gar nicht. Manche Eltern bitten ihre Sprösslinge zigmal etwas zu tun, es passiert aber nichts. Kinder können sehr resistent sein. Häufig erlebe ich, dass gerade Mütter es dann selbst machen, bevor sie sich ärgern. Das sehen die Kinder natürlich und lachen sich ins Fäustchen. Machen Sie nicht den gleichen Fehler. Bleiben Sie beharrlich und fordern ein, was vereinbart wurde. Setzen Sie Regeln und Zeiträume, die nicht zu starr sind, damit Kinder etwas Freiraum für eigene Entscheidungen haben.

Manche Kinder verschieben jedoch gerne ihre Aufgaben. Sie sagen dann, dass sie den Müll später rausbringen, oder erst ihre Hausaufgaben machen wollen. Einige müssen auf einmal viel für die Schule machen, um sich irgendwie vor dem Haushalt zu schützen. Damit geraten Sie als Eltern ziemlich unter Druck, denn wenn Sie ihnen die ebenfalls wichtigen Tätigkeiten untersagen oder in ihren Entscheidungsraum eingreifen, dann kommt es oft zu Konflikten, die nur schwer zu lösen sind. Bieten Sie ihre planerische Unterstützung an, indem Sie sich gemeinsam anschauen, was alles zu tun ist und dann einen Weg finden, wie man das gemeinsam strukturieren kann. Werden Sie dabei niemals vorwurfsvoll oder behaupten, dass es nur Vorwände seien. Damit kratzen Sie die Beziehung an. Sie brauchen dafür ein konsequentes Auftreten, Geduld und klare Regeln. Wenn das Kind behauptet, viel lernen zu müssen, gleichzeitig für den Haushalt keine 30 Minuten Zeit hat, dann sollte vorher klar sein, dass Freizeitaktivitäten, wie Fernseher schauen oder mit Freunden spielen, nicht möglich sind. Verpflichtungen haben Priorität. Das muss klar sein und auch vom Kind akzeptiert werden. Am besten funktioniert das, wenn Sie es selbst auch so vorleben. Wenn sich die Wäscheberge türmen, das Essen längst auf dem Tisch stehen sollte und das eigene Schlafzimmer zustaubt, während die Eltern vor dem Fernseher sitzen, entsteht kein Vorbild. Dann wirkt es eher wie eine Bestrafung, wenn Kinder etwas tun wollen. Sie fühlen sich dann wie Sklaven und nicht als gleichwertige Familienmitglieder, wo jeder seinen Beitrag leistet.

Haben Sie nicht die Erwartung, dass Ihr Kind genauso ordentlich und schnell ist wie sie selbst. Ungeduldige Eltern reißen dem Kind schon mal den Lappen aus der Hand und sagen: „Das dauert mir alles zu lange. Ich mache es lieber selbst." Geben Sie ihrem Kind immer die Möglichkeit, sich in den Aufgaben weiterzuentwickeln. Machtkämpfe haben selten Erfolg. Ich kenne Eltern, die in das Kinderzimmer gehen, den ganzen Kleiderschrank ausräumen und alles in der Mitte des Raumes verteilen, damit das Kind endlich anfängt, den Schrank aufzuräumen. Langfristig führt das eher zu Problemen und verstärkter Lustlosigkeit. Ich kann manche Eltern durchaus verstehen, wenn sie nach einem langen Tag die Nerven einfach nicht mehr haben und es als respektlos empfinden, wenn Kinder nicht reagieren oder alles verschieben wollen. Schalten Sie auf Durchzug und fordern Sie es solange ein, bis es erledigt wird.

Bei den Aufgaben im Haushalt gibt es Unterschiede. Manche müssen einfach erledigt werden und bei anderen kann man variieren. Wenn Ihr Kind z.B. gerne den Rasen mäht, mit dem Hund spazieren geht oder kocht, dann sollten Sie ihm auch die Möglichkeit geben. Mit Spaß und Freude steigt automatisch die Motivation. Andere legen gerne Wäsche zusammen, fegen die Treppe oder saugen die Teppiche. Seien Sie kompromissbereit, wenn Sie den Plan ausarbeiten. Es sollte eine gemeinsame Sache sein und nicht herrisch und übergestülpt wirken. Achten Sie ebenso darauf, dass der Großteil an Hausarbeit dennoch bei Ihnen als Eltern liegt, sonst entsteht auch hier schnell der Eindruck, dass Sie einfach nur alles abgeben und delegieren wollen. Dann mögen Kinder besonders wenig. Halten Sie ihnen auch nicht vor, dass sie gesetzlich dazu verpflichtet sind, im Haushalt zu helfen, auch wenn es der Wahrheit entspricht. Lösen Sie alles familiär und gemeinschaftlich.

Die Art der Aufgabe richtet sich natürlich nach dem Alter, bzw. der Entwicklungsphase des Kindes. Dazu haben Sie bereits einiges gelesen. Hier noch weitere Anregungen:

3 – 6 Jahre
Rechnen Sie nicht mit einer tatkräftigen Unterstützung. In diesem Alter geht es primär um den Lerneffekt und das gemeinsame Tun. Hier können Sie Ihr Kind darauf vorbereiten, dass es Ihnen im späteren Alter gerne zur Hand geht und Sie wirklich unterstützt. Gehen Sie alle Tätigkeiten gemeinsam und spielerisch an.

7 – 11 Jahre
In dieser Altersklasse macht es Sinn, Kinder erleben zu lassen, dass Hausarbeit sehr viel sein kann. Selbstverständlich treten Sie nicht alle Aufgaben ab. Sie geben jedoch einen vollen Einblick in alle Tätigkeiten, die auch vom Kind erledigt werden können. Lassen Sie beispielsweise die Wäsche falten, Brotteig vorbereiten, kleinere Mahlzeiten kochen, Pausenbrote selbst schmieren oder Verantwortung für ein Haustier übernehmen. Wichtig ist, dass es keine sporadische Unterstützung ist, sondern eine regelmäßige. Mit dem Alter dürfen die Aufgaben dann komplexer sein und länger andauern. Das fördert die Selbständigkeit und auch das Selbstwertgefühl.

12 Jahre und älter
Ältere Kinder, ab dem 12. Lebensjahr, können bereits verantwortungsvollere Aufgaben übernehmen. Durch den langsamen Beginn der Pubertät kommt es gerade hier häufig zu Diskussionen und launischem Verhalten. Wenn Sie konsequent bleiben und die vorhergehenden Tipps beherzigen, gelingt es Ihnen, die Zeit gut durchzustehen. Übertragen Sie Aufgaben, wie Einkaufen, Briefe wegbringen, Gartenarbeiten, Kochen komplexerer Mahlzeiten, Putzen von Küche und Bad oder kleinere Renovierungsarbeiten.

Die Klassiker: Fernsehen, Schlafengehen & Körperpflege

Die Klassiker im Zusammenleben mit Kindern sind die Themen Fernsehen, Zähneputzen, Schlafengehen und die Körperpflege, also Duschen oder Baden. Auch hier braucht es Regeln für Ihr Wunschkind, damit die Situationen nicht aus dem Ruder laufen.

Fernsehen

Grundsätzlich stellt es kein Problem dar, seinem Kind das Fernsehen zu ermöglichen. Sie sollten dabei beachten, dass die Dosis das Gift macht. Es handelt sich um eine sehr passive Beschäftigungsform, in der das kindliche Gehirn mit Informationen, Geschichten und Inhalten berieselt wird. Machen Sie sich bewusst, dass währenddessen keine kreativen oder aktiven Tätigkeiten durchgeführt werden. Ebenso können gerade Kinder unter 7 Jahren noch nicht zwischen der inneren Wahrnehmung und der Realität unterscheiden.

Michael war damals 5 Jahre alt, als er mir erzählte, dass er einen Film schaute, in der ein Fantasiewesen eine ganz lange Zunge im Mund hatte, die es aus- und wieder einfahren konnte. Das hat ihn sehr beängstigt. Oft hat er danach in seinem Umfeld Menschen gesehen, bei denen er sich vorstellte, dass sie auch so eine lange Zunge haben. Filme sollten natürlich absolut kindgerecht sein. Auf die Altersangaben kann man sich dabei nicht immer verlassen. In der Realität haben Menschen die Möglichkeit in das Geschehen einzugreifen. In einem Film läuft alles nach Drehbuch und ein Einschreiten ist nicht möglich.

Gerade beim Fernsehen sind also klare Regeln unerlässlich. Legen Sie Zeiten fest, in denen Ihr Kind etwas schauen darf. Erstellen Sie dafür z.B. gemeinsam einen Plan, wann, was geschaut werden darf. Ebenso legen Sie vielleicht 1-2 medienfreie Tage pro Woche fest und lassen Ihr Kind mindestens eine Stunde vor dem Schlafengehen kein Fernsehen schauen.

Zähneputzen

Die Zahngesundheit ist nicht nur für Erwachsene wichtig, sondern gerade auch für Kinder. Viele wollen sich jedoch die Zähne nicht putzen oder machen ein höllisches Theater. Das kann sehr nervenaufreibend sein. Damit Sie das in den Griff bekommen, sollten Sie einige Sachen beachten. Sie wissen bereits, wie wichtig es ist, dass Sie ein gutes und aktives Vorbild sind. Nehmen sie sich die Zeit und putzen vor den Augen Ihres Kindes ihre eigenen Zähne. Da Eltern meistens vor ihrem Kind aufstehen und erst nach ihm ins Bett gehen, sieht es oft nicht, dass sie selbst sehr engagiert in Sachen Mundhygiene sind. Erklären Sie dabei, wieso es so wichtig ist, sich die Zähne zu putzen. Manchmal hilft es auch mit einem Zahnfärbemittel zu arbeiten. Manche machen das einmal wöchentlich. So kann ihr Kind genau sehen, wo es besser putzen müsste. Für manche wird es nach einer Zeit sogar ein Ansporn, dass die Zähne selbst mit dem Färbemittel absolut weiß bleiben. Sie finden es dann motivierend. Wenn Sie Zahnbürsten kaufen, dann können Sie Ihr Kind mitnehmen und es aussuchen lassen. Dadurch ist die Wahrscheinlichkeit höher, dass sie auch anstandslos verwendet wird.

Sollte es sich komplett weigern, dann können Sie im Ernstfall mit einem Belohnungssystem arbeiten. Kleine Geschenke oder Überraschungen bereichern das Kinderherz.

Schlafen gehen

Auch das Schlafengehen kann zu einer Zerreißprobe für Eltern werden. Wie wichtig eine ausreichende Nachtruhe ist, wissen die meisten. In der Summe gibt es folgende ungefähre Richtwerte für die empfohlene tägliche Schlafdauer von Kindern:

die ersten 3 Monate:	16-17 Stunden
4-6 Monate:	14-16 Stunden
7-12 Monate:	13-14 Stunden
1-6 Jahre:	12-13 Stunden
7-9 Jahre:	11-12 Stunden
10-13 Jahre:	10-11 Stunden
14-16 Jahre:	9-10 Stunden
älter als 16 Jahre:	8-9 Stunden

Die Anzahl der Schlafstunden können über den Tag verteilt werden. Wenn kleinere Kinder z.B. einen Mittagsschlaf von 2 Stunden machen und in der Nacht circa 11 Stunden schlafen, ist das völlig im Rahmen. Haben Sie Kinder, die nachts häufig wach werden, dann kann sich die Schlafdauer auch entsprechend verlängern.

Wenn Kinder jedoch nicht schlafen wollen, dann kann das auf unterschiedliche Ursachen zurückgeführt werden. Manche Kinder drehen abends nochmal so richtig auf, um die restliche Energie abzubauen oder einen eindrucksintensiven Tag zu verarbeiten. Andere wollen noch spielen oder orientieren sich an den älteren Geschwistern.

Gerade die Zeit vor dem Ins- Bett -Gehen ist sehr wichtig für das Unterbewusstsein. Schimpfen Sie daher nicht. Achten Sie darauf, dass Ihr Kind eine gemütliche und liebevolle Schlafumgebung hat. Vermeiden Sie, wenn möglich, sämtliche elektrische Geräte, wie Fernseher, Spielekonsolen und Handys. Nutzen können Sie einen Musikspieler, um ein altersgerechtes Hörspiel oder etwas Entspannungsmusik laufen zu lassen. Lesen Sie gemeinsam eine Geschichte. Nutzen Sie Utensilien, wie eine Kuscheldecke, Kuscheltiere, ein kleines Nachtlicht oder ein Buch, welches sie sich noch zusammen ansehen können. Vermeiden Sie jedoch Spielzeug im Bett.

Duschen oder baden gehen

Problematisch kann auch das Thema Körperpflege sein. Einige Kinder lieben es, im Wasser zu sein, während andere davor wegrennen und schreien. Das kann viele Gründe haben. Oft sind dafür negative Erlebnisse in der Vergangenheit verantwortlich. Vielleicht haben sie mal Wasser geschluckt oder ins Auge bekommen. Einige finden es unangenehm, wenn die Haut nach dem Waschen trocken ist. Auch die Wassertemperatur kann für Aufregung sorgen. In der Regel geht es ihnen dann darum, dass sie sich nicht genügend geschützt fühlen. Gerade bei einem so intimen Prozess ist das umso wichtiger.

Dennoch ist die regelmäßige Körperhygiene sehr wichtig und sollte zu einem liebevollen Ritual werden. Gehen Sie z.B. gemeinsam baden. Cremen Sie Ihr Kind danach ein und massieren Sie es etwas. So erhält es eine gute und bleibende Erinnerung. Nutzen Sie Badefarben, Knisterkugeln, lustige Schwämme, Spielzeug, Knetseife und lassen Sie ihr Kind das Wasser immer vorher testen, damit es keine Probleme mit der Temperatur gibt.

Werden Sie bitte nicht nervös, wenn es mal zu Tränen und Wutausbrüchen kommt. Wenn Sie darauf mit Schreien oder Schimpfen antworten, dann beschädigen Sie das Urvertrauen und die Möglichkeit, dass es vielleicht beim nächsten Mal besser klappt.

Beim Einkaufen – „Mama, ich will das aber haben!"

Damit das Einkaufen ein spannendes und schönes Erlebnis mit Ihrem Kind wird, gibt es auch hier einiges, was man beachten kann. Vielleicht kennen Sie das auch: Sie sind in einem Geschäft, Ihr Kind will alle möglichen Sachen haben, greift in die Regale und befüllt den Einkaufswagen mit Dingen, die Sie nicht kaufen möchten. Zunächst muss man wissen, dass das völlig normal ist. Versetzen Sie sich mal in die Lage eines Kindes. Im Kaufhaus entsteht eine völlige Reizüberflutung durch die vielen Farben und tollen Produkte. Das weckt den Geist der Neugier. Dass ein Kind mal traurig wird, sich trotzig auf den Boden schmeißt, so dass alle anderen Menschen Sie mit verständnislosem Blick ansehen, kann ebenfalls passieren. Die unzähligen Reize können sehr überfordernd wirken.

Auf keinen Fall sollten Sie schimpfen, laut werden oder an dem Kind zerren. Manchmal sehe ich Eltern oder auch Großeltern, die ihre Nerven verlieren und ihr Kind fest am Arm packen. Dann ziehen sie es durch den Laden und verwenden Drohungen. Sie machen das natürlich nicht. Machen Sie sich bereits vor dem Einkauf Gedanken darüber, wie Sie die Zeit gestalten wollen. Kleine Kinder passen z.B. wunderbar in den Sitz des Einkaufswagens. Mit einem kleinen Spielzeug oder Kuscheltier von Zuhause ist es schon mal beschäftigt und kann lernen, sich selbst abzulenken. Sie erinnern sich sicherlich, was ich Ihnen über die Selbstkontrolle von Kindern mit auf den Weg gegeben habe. Besprechen Sie klare Regeln. Wenn ihr Kind nicht im Wagen sitzt, dann sollte es sich nicht von Ihnen entfernen. Erklären Sie ihm, dass Sie entscheiden, was in den Wagen kommt und was nicht. Dennoch können Sie ihr Kind beauftragen, etwas zu holen und in den Wagen zu legen. Kinder die bereits lesen können, freuen sich oft, wenn sie den Einkaufzettel abhaken dürfen. Sie haben dann eine wichtige Kontrollfunktion. Sollte es jedoch Geschreie oder Gequengel beim Einkauf geben, dann bleiben Sie beharrlich. Zur Not unterbrechen Sie den Einkauf, bis sich ihr Kind beruhigt hat.

Vielleicht kennen Sie auch Situationen, in denen man zigmal gefragt wird, ob man etwas haben kann, z.B. Süßigkeiten, Spielzeug oder andere Sachen. Äußern Sie sich dazu ganz klar. Da Sie möglicherweise auch mehrfach zu einer Sache gefragt werden, eignet es sich, in Stufen zu antworten. Beispielsweise so:

1. Nein!
2. Nein bedeutet Nein!
3. Ich habe Dir bereits geantwortet!
4. Ich diskutiere nicht darüber!
5. Du kennst meine Antwort und jetzt ist Schluss!
6. Ich möchte, dass Du aufhörst mich weiter zu fragen!
7. Solltest Du mich nochmal fragen, wird es Konsequenzen geben!

Sollte Ihr Kind die Ausdauer haben und Sie müssen tatsächlich Konsequenzen ankündigen, dann ist es ganz wichtig, dass Sie diese auch durchziehen, sofern noch eine Frage kommt. Überlegen Sie sich also genau, wie Sie im Ernstfall reagieren möchten.

Familienausflüge – „Wie lange fahren wir noch?"

Stellen Sie sich mal vor, Sie sitzen im Auto, Ihr Kind auf der Rücksitzbank. Sie wollen einen schönen Familienausflug machen. Doch bereits während der Fahrt kommen alle fünf Minuten die Fragen: „Sind wir gleich da?", „Wie lange fahren wir noch?" Dauert es noch lange?" Vielleicht kennen Sie das. Kinder können sehr aufgeregt und nervös werden, wenn sie sich auf etwas freuen. Zudem haben sie oft noch kein Gefühl für Zeit. Eltern, die sich von der Unruhe anstecken lassen und schimpfen, signalisieren ihrem Kind, dass es nicht in Ordnung ist, sich zu freuen. Das ist sehr schade.

Sorgen Sie lieber alternativ für etwas Ablenkung. Lassen Sie es ein Hörbuch über Kopfhörer hören, ein Buch anschauen oder mit etwas Spielzeug spielen. Sie können auch gemeinsam kleine Ratespiele spielen, z.B. „Tierraten" oder „Ich sehe was, was du nicht siehst".

Bei längeren Fahrten bietet es sich an, kleinere Pausen zu machen, um etwas an der frischen Luft spazieren zu gehen.

Kindergarten, Schule & Hausaufgabendiskussionen

Häufig kommt es auch bei den Themen Kindergarten und Schule zu Diskussionen. Hier sollten Sie ebenso stark gewappnet sein und sich nicht unterkriegen lassen. Es gibt einige Sachen, auf die Sie achten können, damit es ihnen einfacher fällt Ihr Kind zu motivieren, anstatt zu diskutieren.

Kindergarten
Gerade, wenn Kinder in jungen Jahren ganz frisch in den Kindergarten kommen, kann es zu Problemen kommen. Sie wollen nicht dorthin, nicht ohne Mama oder Papa bleiben und wenn man sie abholt, dann möchten sie nicht nach Hause. Machen Sie sich bewusst, dass es möglicherweise die ersten Schritte sind, um unabhängig von den Eltern, soziale Erfahrungen zu machen. Da ist es ganz normal, dass der Abnabelungsprozess nicht immer einfach ist und zu Irritationen führt. Es gibt viele neue Gesichter, Informationen und Eindrücke. Diese müssen verarbeitet werden. Dass ein kleiner Kopf da mal überreagiert, ist selbstverständlich.

Oft kommen dann zahlreiche Ablenkungsmanöver hinzu. Die Kleidung passt angeblich nicht mehr, das Kind hat plötzlich Bauchweh oder fängt an zu weinen.

Es kann auch sein, dass Ihr Kind im Kindergarten das Verhalten anderer Kinder beobachtet hat und nun ausprobieren möchte, ob auch Sie sich davon leiten lassen. Was auch immer für eine Situation auftritt, schimpfen Sie nicht, sondern überlassen Sie Ihrem Kind kleinere Entscheidungen. Wenn die Sachen nicht mehr passen, dann zieht es sich eben nochmal um. Passt das auch nicht, kann es zwischen dem Schlafanzug oder den Klamotten, die es gerade anhat, wählen. Bei Schrei- oder Weinattacken wirken Sie beruhigend auf Ihr Kind ein. Es darf wütend, traurig und verletzt sein. Dennoch geht es in den Kindergarten. Es kann wählen zwischen einem liebevollen Abschied oder einem tränenreichen. So lernt es langsam, für die eigene Gefühlswelt Verantwortung zu übernehmen.

Bleiben Sie in jedem Fall gelassen und konsequent, ohne die Gefühlswelt Ihres Kindes zu ignorieren.

Schule

Wenn Kinder zur Schule gehen, dann haben sie in der Regel bereits ein besseres Verständnis dafür, was sie tatsächlich wollen und was nicht. Es gibt jedoch einige Unterschiede im Bereich der Motivation. Einige Kinder sind sehr erfolgsorientiert, wollen gute Leistungen erbringen und besser sein als andere. Sie erkennen einen klaren Sinn in der Schule und geben ihr Bestes. Andere hingegen sind sehr genügsam. Sie haben nicht diesen Ansporn, weil sie sich mit dem Mittelmaß und dem Nötigsten zufriedengeben. Das Beste, was Sie als Eltern tun können, ist, das zu akzeptieren. Nehmen Sie Ihr Kind so an, wie es ist. Wenn es mehr will, dann unterstützen Sie es. Ist es im Mittelfeld zufrieden, dann stehen Sie dazu. Geben Sie so viel Verantwortung wie möglich in die Hände Ihres Kindes. Das schafft Selbstvertrauen und Sicherheit. Manche brauchen ein paar Schuljahre, um ein inneres Feuer zu entdecken, andere bleiben genügsam. Viel wichtiger als überdurchschnittliche Leistungen ist, dass das Kind glücklich ist.

Seien Sie auch auf durchschnittliche Ergebnisse stolz. Zeigen Sie, dass Sie voll dahinterstehen.

Auch bei Hausaufgaben gibt es beide Motivationstypen. Geben Sie hier ebenso einen Teil der Verantwortung ab und vertrauen Sie Ihrem Kind. Agieren Sie als Motivator und nicht als Diktator. Sprechen Sie Mut zu, anstatt mit dem erhobenen Zeigefinger zu reagieren. Wenn Kinder ihre Hausaufgaben nicht oder nicht vollständig machen, dann werden sie irgendwann in der Schule vom Lehrer darauf angesprochen. Das ist zunächst unangenehm. Doch diese Erfahrung kann wertvoll sein, denn oft wollen sie nicht wieder in so eine Situation kommen. Sollte es ein Gespräch mit den Lehrern geben oder etwas im Heft stehen, was Sie unterschreiben müssen, sprechen Sie mit Ihrem Kind und finden gemeinsam eine Lösung, damit es nicht häufiger vorkommt. Nur bitte nicht schimpfen! Sie, als Eltern, sind die wichtigsten Bezugspersonen.

Ernährung

Stellen Sie sich einmal vor, Sie stehen in der Küche, geben sich richtig Mühe, eine vollwertige Mahlzeit zu kochen. Sie decken den Tisch und rufen zum Essen. Kaum sitzen alle am Tisch, sagt Ihr Kind: „Das mag ich nicht" oder „Ich habe keinen Hunger". Solche Situationen können sehr belastend sein und können viele Ursachen haben. Möglich ist, dass Ihr Kind wirklich keinen Hunger hat oder das Essen einfach nicht mag. Oft sind es jedoch auch vorgeschobene Aussagen. Dahinter steckt meist ein initiierter Machtkampf, da das Kind gerne mitentschieden hätte. Manche Kinder wollen nicht essen, weil sie noch spielen wollen und eine Mahlzeit als zeitraubend empfinden. Es können aber auch vorherige Streitigkeiten mit Geschwistern, anderen Kindern oder Ihnen als Eltern gewesen sein. Vielleicht waren es aber auch die Süßigkeiten, die sie heimlich verzehrt haben.

In Summe ist es wichtig, das Essen zu einem festen Ritual zu machen. Dafür brauchen Sie eine ruhige Atmosphäre. Laute Musik oder Fernseher gehören nicht dazu. Auch Spielzeug gehört nicht auf den Essenstisch. Erzählen Sie sich lieber, wie der Tag war und was Sie erlebt haben.

Lassen Sie Ihr Kind zu einem gewissen Teil auswählen, was es von dem Essen möchte und was nicht. Isst es nur die Kartoffeln, ohne Gemüse, dann ist das auch in Ordnung. Achten Sie nur darauf, dass es innerhalb mehrerer Tage ausgewogen isst. Vermeiden Sie zu viele Süßigkeiten und bieten Sie dafür frisches Obst, Gemüse und gesunde Snacks in verschiedenen Variationen an. Manchmal mögen Kinder lieber Möhren, die eckig sind als die runden. Selbstverständlich gibt es keinen geschmacklichen Unterschied. Wenn es Ihnen durch so einfache

Möglichkeiten gelingt, eine gesunde Ernährung zu schaffen, dann ist es doch auch gut.

Seien Sie ein bestmögliches Vorbild beim Essen und bauen Sie keinen Druck auf. Wenn der Teller nicht aufgegessen wurde, dann darf es am nächsten Tag trotzdem schönes Wetter geben. Vertrauen Sie dem kindlichen Instinkt. Ein gesundes Kind würde sich niemals selbst unterernähren. Es nimmt sich in der Regel das, was es braucht. Wenn Sie eine große Auswahl an gesunden Möglichkeiten haben, dann haben Sie Ihren Teil bestens erfüllt. Machen Sie Essen nicht zu einem größeren Thema als es ist. Sollten Sie dennoch das Gefühl haben, dass Ihr Kind möglicherweise krank, unterernährt oder schwach ist, dann suchen Sie selbstverständlich einen Kinderarzt auf. In den meisten Fällen regelt sich jedoch alles von selbst, wenn es Ihnen gelingt ruhig und gelassen zu bleiben.

Selbstständigkeit

Früher wurden Kinder durch Belohnungen oder Bestrafungen dazu getrieben, gehorsam zu sein. Auch heute erziehen einige Eltern Ihre Kinder immer noch so. Die Erde hat sich jedoch einige Male gedreht und die Zeiten haben sich geändert. Wir leben in einer extrem schnelllebigen Zeit mit immer mehr steigenden Anforderungen. Das bedeutet aber auch, dass die Menschen immer selbständiger werden müssen, um in dieser Zeit zu bestehen. Und wenn Sie jetzt einmal überlegen, wie die Welt in 10, 20 oder 30 Jahren aussieht, dann können Sie sicher sein, dass der Faktor Selbständigkeit noch weiterwächst. Machen Sie es ihrem Kind also möglichst einfach, zu einem eigenständigen, individuellen und selbständigen Menschen zu werden. Dafür braucht es keine Diktatoren oder Anführer, sondern Wegweiser. Seien Sie ein solcher für Ihr Kind. Es wird es Ihnen danken.

Lassen Sie es so viel, wie es möchte, entdecken, helfen und machen, auch, wenn es sich ungeschickt anstellt, es länger dauert oder noch nicht ordentlich ist. Aus Fehlern kann es lernen, wenn Sie diese liebevoll tolerieren und nicht schimpfen.

Anna erzählte mir von Ihrem Sohn Lukas. Er ist 5 Jahre alt und hat geholfen, die Spülmaschine aus- und wieder einzuräumen. Dabei ist ihm eine Schüssel aus der Hand gefallen und in viele kleine Splitter zerbrochen. Anna hat wunderbar reagiert. Sie hat direkt gesagt: „Das passiert mir auch manchmal. Bleib mal stehen, damit du dich nicht verletzt. Ich hole eben den Besen und dann machen wir das weg. Wer nichts tut, macht auch keine Fehler. Da wir beide immer viel tun, dürfen wir auch mal was fallen lassen." Lukas blieb dabei ganz ruhig und lächelte. Er schaute zu, wie seine Mama die Scherben zusammenfegte und machte dann weiter.

Wenn es Ihnen gelingt, dass Ihr Kind selbständig und glücklich wird, dann haben Sie Ihre Aufgabe als Eltern bestens gemeistert. Mehr müssen Sie nicht tun. Der Rest ergibt sich von ganz alleine. Schimpfen hat in diesem Prozess nichts zu suchen.

7. So kommunizieren Sie mit Ihrem Kind richtig

Die Zeit der Kindererziehung kann sehr schnell vorbeigehen, aber auch sehr langwierig sein. Sie wird jedoch einfacher, je besser Ihre kommunikativen Fähigkeiten sind. Diese erleichtern vieles. Man schimpft weniger, ist deutlich gelassener und sorgt gleichzeitig dafür, dass der Lerneffekt bei den Kindern, um ein Vielfaches höher ist. Viele Eltern glauben, sie würden Zeit verlieren, wenn Sie sich entsprechend weiterbilden. Das Gegenteil ist der Fall. Sie gewinnen in der Regel viel mehr Zeit.

Die erste Fähigkeit, die Sie für eine gute Kommunikation brauchen, ist, ein wirklich guter Zuhörer zu werden. Das bedeutet, dass man sich die Zeit nimmt, auch hinter die gesagten Worte zu schauen. Kinder sind absolut bedürfnisgesteuert, das wissen Sie. Durch aktives Zuhören gelangen Sie viel leichter an den Kern und die Motive Ihres Kindes. Zudem ist es wichtig, die unterschiedlichen Sichtweisen zwischen Ihnen und ihrem Kind genau herauszufiltern. Wer zu oberflächlich herangeht, produziert häufiger Missverständnisse.

Jan war 8 Jahre alt und eigentlich ein guter Schüler. In letzter Zeit hatte er jedoch enorme Schwierigkeiten in Mathe. Das führte dazu, dass er eine Fünf mit nach Hause brachte. Seine Mutter fragte ihn, wie das denn passieren konnte. Jan sagte: „Der neue Lehrer ist doof." Seine Mutter erwiderte: „Du hast sicherlich zu wenig gelernt. Lass das mal nicht am Lehrer aus."

Alleine durch diese kleine Konversation entstand eine schlechte Kommunikation. Auch, wenn Jans Satz, dass der Lehrer doof sei, sehr lapidar daher gesagt wurde, steckt ein Bedürfnis dahinter. Seine Mutter hätte sich im Idealfall die Zeit nehmen sollen, um dies genau herauszufinden. Vielleicht fühlte er sich nicht verstanden, überrumpelt, nicht ernstgenommen oder unterdrückt. Oder es lag an den Themen im Unterricht und er projizierte seinen Unmut auf den Lehrer. Wenn die Kommunikation zu oberflächlich läuft und Eltern sich nicht die Zeit nehmen genau hinzuhören und zu forschen, dann entsteht häufig noch mehr Frust.

Achten Sie bei der Kommunikation auch immer darauf, dass sie nicht zu einseitig ist. Es sollte nicht wie in einem Verhör sein, dass eine Partei nur Fragen stellt und die andere antwortet. Ein guter kommunikativer Austausch ist immer ausgeglichen. Jeder fragt mal etwas und gibt auch Antworten. Vielleicht nehmen Sie sich auch einfach mal die Zeit, in Form eines Rituals, einfach nur zu reden. Sprechen Sie über lustige Erlebnisse, wie man Gerichte zubereitet, einen Kuchen backt, über das Wetter, Träume oder auch Wünsche. Das schafft eine tiefe Verbindung und Vertrauen. Machen Sie das jedoch nicht zwischen Tür und Angel. Das wäre nicht wertschätzend. Nehmen Sie sich die Zeit, um nur zu reden. Schauen Sie Ihr Kind dabei an, erfassen Sie die körpersprachlichen Elemente und seien Sie einfach nur im „Hier und Jetzt" mit Ihrem Kind.

Nehmen Sie Ihr Kind ernst!

Nicht selten passiert es, dass Erwachsene die Meinung von Kindern belächeln. Sie denken sich: „Sie ist ja noch ein Kind." Gleichzeitig wollen jedoch die meisten Eltern, dass ihre Kinder einen starken Selbstwert entwickeln und sich vom Leben nicht herumschubsen lassen. So richtig passt das nicht zusammen. Um ein starkes Selbstwertgefühl aufzubauen, muss auch die Meinung eines Kindes einen entsprechenden Stellenwert haben. Es sollte seine Meinung frei äußern dürfen, es sollte gehört und respektiert werden. Wenn Sie die Meinung eines Kindes belächeln, dann trampeln Sie in diesem Moment das Selbstwertgefühl kaputt. Dadurch bringen Sie Ihrem Kind bei, später auch auf den Gefühlen anderer herumzutreten. Wenn nur Ihre Meinung zählt und diese über allem steht, dann erziehen Sie keinen selbständigen Menschen, sondern einen emotional abhängigen. Das wollen Sie sicherlich nicht. Oder? Wenn Sie die Meinung Ihres Kindes ernst nehmen, dann lernt ihr Kind auch Ihre Meinung zu würdigen und zu respektieren. Sie müssen dabei nicht auf einen gemeinsamen Nenner kommen, auch wenn das wünschenswert wäre.

Der Unterschied zwischen Erwachsenen und Kindern ist groß. Während Erwachsene bereits über viel Lebenserfahrung und eine eigene Kindheit verfügen, so leben Kinder im „Hier und Jetzt". Das unterschiedliche Meinungen und Betrachtungsweisen zum Vorschein kommen, ist zwangsläufig selbstverständlich. Kinder mögen heute Bananen und morgen lieber Äpfel. Heute mögen sie den Tischnachbarn und morgen ist er doof. Das ist für Kinder absolut real und echt. Sie erleben und empfinden das so. Das sollten Sie verstehen und respektieren. Es macht keinen Sinn, bevormundend zu werden. Damit wird nur das Vertrauen gestört und das Kind bekommt das Gefühl, dass man ihm nicht glaubt.

Für viele Eltern reagieren die eigenen Kinder völlig überzogen. Das liegt an den natürlich gegebenen Unterschieden. Es ist auch nicht die Aufgabe der Eltern, dass Kinder so sein und denken sollen wie Erwachsene. Sie sollen sich frei entfalten und entwickeln können. Versetzen Sie sich daher in die Lage Ihres Kindes und nehmen Sie es ernst, auch wenn Sie anderer Meinung sind.

Das Modell der Gewaltfreien Kommunikation

Vielleicht haben Sie schon mal von dem Modell der gewaltfreien Kommunikation gehört. Dabei geht es nicht um körperliche Gewalt, sondern um kommunikative Gewalt. Und die fängt bereits bei abwertenden oder entmündigenden Worten an. Da Kinder oftmals sehr impulsiv sein können, neigen Eltern dazu, ihre Machtstellung zu nutzen, um für klare Verhältnisse zu sorgen und die Rangordnung wiederherzustellen. Das mag für den Moment eine Genugtuung sein. Langfristig gesehen schaden sie der Entwicklung des Kindes massiv. Im Modell der gewaltfreien Kommunikation sucht man gezielt nach alternativen Möglichkeiten.

Zunächst schauen wir uns einmal an, was alles Gewalt in der Kommunikation ist:

- Verängstigen
- Bevormunden
- Schimpfen
- Schreien
- Tadeln
- Klagen
- Demütigen
- Bloßstellen
- Drohen
- Schuldzuweisungen
- Leugnen
- Lügen
- Banalisieren
- Verletzende Scherze
- Abwertungen

Im traditionellen autoritären Erziehungsstil werden diese Methoden häufig eingesetzt. Oftmals kennen Eltern sie auch aus ihrer eigenen Kindheit und geben sie nun unreflektiert an die nächste Generation weiter. Die Folgen können sehr vielfältig sein. Kinder beginnen zu stottern, zu lispeln oder sich nachts einzunässen. Viele können sich nicht mehr gut genug konzentrieren. Das hat Auswirkungen auf die schulischen Leistungen. Manche werden aggressiv, gewalttätig oder selbstverletzend. Autoritäre Erziehung kann bis hin zu schweren Depressionen oder anderen psychischen Auffälligkeiten führen. Die meisten Eltern sind sich dessen nicht bewusst.

Durch die Möglichkeiten der gewaltfreien Kommunikation lernen Eltern und Kinder, sich gegenseitig wertzuschätzen, auch wenn sie unterschiedliche Ansichten haben. Sie erkennen die Bedürfnisse des anderen und können dadurch besser aufeinander eingehen.

Vielleicht haben Sie schon mal von dem Kommunikationsmodell des Wissenschaftlers Friedemann Schulz von Thun gehört. Er unterscheidet vier unterschiedliche Ebenen, auf denen man eine Botschaft verstehen kann.

- Die Sachebene
- Die Selbstoffenbarungsebene
- Die Beziehungsebene
- Die Appell -Ebene

Wenn ein Kind z.B. sagt: „Der neue Mathelehrer ist doof", dann gibt es vier Möglichkeiten diesen Satz zu verstehen.

- Sachebene: „Der Lehrer ist nicht sehr intelligent und seinem Job nicht gewachsen."
- Selbstoffenbarungsebene: „Ich komme mit dem neuen Lehrer nicht klar."
- Beziehungsebene: „Ich mag den neuen Lehrer einfach nicht."

- Appell-Ebene: „Ich möchte, dass sich der Lehrer ändert."

Sie sehen also, dass mit einem Satz viele unterschiedliche Botschaften verknüpft werden können. Und das ist mit fast jeder Aussage so. Daher ist es nicht nur wichtig, genau zuzuhören, sondern auch explizit nachzufragen, welches Bedürfnis dahintersteckt. Es macht nämlich einen enormen Unterschied, ob der Lehrer seinem Job nicht gewachsen ist, das Kind mit der Art nicht klarkommt, ihn nicht mag oder erwartet, dass er sich ändern soll. Erst das Erkennen des eindeutigen Bedürfnisses ist die Grundlage für ein verständnisvolles und offenes Gespräch.

Auch in alltäglichen Situationen kommen wir nicht umhin, genauer nachzufragen. Stellen Sie sich einmal vor, Ihr Kind kommt in die Küche, während Sie gerade das Abendessen zubereiten und fragt: „Was gibt es zu essen?" Selbst bei solch einer banalen Frage können wir nicht sofort wissen, welches Bedürfnis dahintersteckt.

- Sachebene: „Ich möchte wissen, was es zu essen gibt."
- Selbstoffenbarungsebene: „Ich habe auf etwas ganz spezielles Appetit und möchte wissen, ob es das gibt."
- Beziehungsebene: „Ich hoffe du kochst nicht wieder irgendwas, was ich nicht mag."
- Appell-Ebene: „Ich möchte etwas ganz Bestimmtes essen."

In der Gewaltfreien Kommunikation geht es um eine bestimmte innere Haltung. Wir tun alles, um ein Bedürfnis zu befriedigen. Dabei helfen wir uns selbst, aber auch anderen. Man gibt sein Bestes, um diese Bedürfnisse zu erfüllen. Dafür ist es wichtig, diese gezielt herauszufinden. Durch diese Haltung entsteht ein Bedürfnisfokus und man neigt automatisch dazu, herauszufinden, was man selbst und was andere wirklich möchten.

Um sich den Einstieg in die Gewaltfreie Kommunikation zu erleichtern, merken Sie sich einfach folgende drei Schritte und entwickeln daraus einen neuen und eigenen Kommunikationsstil. Sie beobachten zunächst alles wertfrei und sachlich. Dann teilen Sie Ihrem Gesprächspartner mit, wie Sie sich durch die Beobachtung fühlen und welches Bedürfnis sich daraus entwickelt. Dann formulieren Sie eine Bitte. Das fühlt sich im ersten Moment sicherlich sehr ungewohnt an. Das liegt jedoch einfach daran, dass Sie wahrscheinlich sehr selten so kommunizieren. Es wirkt jedoch Wunder und Kinder schauen sich nach einiger Zeit dieses Verhalten ab. Dadurch lernen sie wertfrei zu beobachten, über ihre Gefühle und Bedürfnisse zu sprechen und auch zu sagen, was Sie sich von anderen wünschen. Machen wir ein Beispiel dazu.

Stellen Sie sich einmal vor, Sie öffnen das Kinderzimmer. Ihr Kind sitzt auf einem Stuhl und das Zimmer sieht verwüstet aus. Bevor Sie gleich lospoltern und militärische Anweisungen geben, erinnern Sie sich an die drei Schritte der gewaltfreien Kommunikation. Sie könnten Folgendes sagen: „Hey, wie ich sehe, hast du sehr viel gespielt. Jetzt liegen viele Sachen hier rum. Wenn ich mir das so ansehe, fühle ich mich ganz schön überfordert. Ich würde mich freuen, wenn es wieder so aussehen würde wie beim letzten Mal, als wir zusammen aufgeräumt haben. Würdest du bitte schon mal anfangen aufzuräumen. Ich helfe dir auch gleich dabei."

Auch, wenn Sie bei dieser Art zu sprechen zunächst auf Widerstände stoßen sollten, versuchen Sie es. Sie können dabei langfristig nur gewinnen. Das Schöne ist, dass diese drei Schritte auch in Ihnen irgendwann eine gewisse Ruhe und Gelassenheit auslösen. Das überträgt sich auf Ihr Kind, Sie erreichen, was Sie wollen und das vollkommen ohne zu schimpfen und ohne Stress.

Konflikte vorbeugen und lösen

Da wir unser Kind lieben, wollen wir nicht ständig Schimpfen müssen und dass das Familienleben gestört ist. Wir möchten möglichst viele angenehme, schöne und liebevolle Momente erleben und genießen können. Damit das gelingt, sollten wir weniger situativ reagieren, sondern langfristig denken und vorbeugen. Wenn problematische Situationen erst gar nicht auftauchen oder in Lichtgeschwindigkeit gelöst sind, macht es viel mehr Freude, Eltern zu sein und sein Kind aufwachsen zu sehen. Wenn Sie sich das Modell der gewaltfreien Kommunikation einprägen und zur Gewohnheit machen, dann wird es Ihnen genau dabei helfen können. Doch wie gehen Sie nun vor?

Zunächst ist es, wie bei allem, was man neu lernt. Man sollte sich nicht überfordern und die Erwartungen nicht zu hochstecken. Gehen Sie es langsam und schrittweise an. Sonst laufen Sie Gefahr, dass Sie sich darüber ärgern, wenn Sie es mal vergessen oder doch anders reagieren. Beginnen Sie zunächst Ihr Einfühlungsvermögen zu stärken. Gehen Sie dafür immer wieder die drei Schritte der gewaltfreien Kommunikation durch.

- Was beobachte ich?
- Was fühle ich und welches Bedürfnis habe ich?
- Worum möchte ich bitten?

Das machen Sie eine Zeit lang in vielen Situationen für sich selbst. Sprechen Sie noch nicht darüber. Erlangen Sie zunächst erst einmal das Bewusstsein für sich selbst. Alleine durch diese drei Fragen werden Sie lernen, ganz anders zu denken.

Wenn Sie darin geübt sind, gehen Sie über in die Fremdwahrnehmung. Sie versetzen sich in die Lage des Kindes. Gehen Sie auch hier wieder alles im Stillen für sich durch.

- Was beobachtet mein Kind?
- Was fühlt es und welches Bedürfnis hat es gerade?
- Worum möchte es eigentlich bitten?

Durch diese stillen Übungen lernen Sie sich selbst und ihr Kind besser wahrzunehmen. Zudem fokussieren Sie sich dabei nicht nur auf ein Verhalten, sondern gehen tiefer an die Wurzel.

Sobald Sie diese beiden Übungen beherrschen und feststellen, dass Sie die Fragen in leicht stressigen Situationen bereits automatisch abrufen, können Sie zum nächsten Schritt übergehen. Dann beginnen Sie die Antworten zur Sprache zu bringen. Achten Sie dabei darauf, dass Sie erst von Ihrem Kind sprechen und dann von sich selbst. Wenn es sich z.B. nicht umziehen und ins Bett möchte, dann können Sie Folgendes sagen: „Ich sehe, dass du gerne noch spielen möchtest. Du hast gerade so viel Spaß. Morgen ist wieder Schule und ich möchte, dass du ausgeschlafen bist. Außerdem bin ich auch müde. Ich bitte dich, deinen Schlafanzug anzuziehen, die Zähne zu putzen und dich bettfertig zu machen. Dann kann ich auch gleich Schlafengehen.

Mit der Gewaltfreien Kommunikation lassen sich auch wunderbar Gespräche führen. Sie können sowohl über vergangene Konfliktsituationen sprechen, als auch über alles andere. So sind Sie in einem guten Kontakt und verinnerlichen die drei Schritte.

 **Wenn Ihr Kind am Vortag die Hausaufgaben nicht gemacht hat und Sie nun darüber sprechen wollen, dann können Sie das Gespräch mit folgenden Fragen führen:**

- Wie war das gestern mit den Hausaufgaben?
- Wie hast du dich dabei gefühlt und was wolltest du lieber stattdessen machen?
- Was hättest du dir eigentlich lieber gewünscht?

Nachdem Ihr Kind seine Erlebnisse geschildert hat, können Sie Ihre Sichtweise mit einbringen.

- Ich habe vorhin den Eintrag deiner Lehrerin im Hausaufgabenheft gesehen und festgestellt, dass du sie gestern nicht gemacht hast.
- Als ich das gesehen habe, war ich enttäuscht und verärgert. Ich hätte mir gewünscht, dass du das selbstständig machst, auch wenn du lieber spielen wolltest.
- Ich bitte dich, die Aufgaben jetzt nachzuarbeiten und mit mir beim nächsten Mal vorher darüber zu sprechen, damit du in der Schule keinen Ärger bekommst.

Machen Sie sich doch mal eine Liste von vergangenen Situationen, die vielleicht etwas eskaliert sind. Nehmen Sie sich dann die Zeit für Ihr Kind, um noch einmal über diese Erlebnisse zu sprechen. Selbstverständlich sollten Sie nicht alle auf einmal besprechen, sondern immer mal wieder das Gespräch suchen. Sie räumen damit alten Ballast aus dem Weg und sorgen dafür, dass Ihr Kind spürt, dass Sie sich interessieren. Ebenso wird es feststellen und lernen, welche Ihrer Bedürfnisse möglicherweise nicht erfüllt wurden. Wichtig dabei ist, dass Sie das nicht mit Druck machen und zu Beginn auch keine Erwartungen haben. Dadurch, dass weder Sie noch Ihr Kind daran gewöhnt sind, auf diese Weise zu kommunizieren, ist es zunächst etwas fremd und muss sich erst einspielen. Mit etwas Geduld werden Sie es schaffen. Da bin ich mir sicher.

Kindern Feedback geben und loben

Ein fröhlicher Wanderer geht auf seinem Weg durch den Wald und kommt an dem Haus eines Schnitzers vorbei. Er sieht vor dem Haus einen riesengroßen, schweren und unbearbeiteten Baumstamm. Der Wanderer geht weiter seines Weges und kehrt nach zwei Tagen zurück zum Haus des Schnitzers. Er traut seinen Augen nicht. Vor dem Haus steht eine riesengroße, glänzende Buddha-Statue. Es sieht fast so aus, als sei sie beseelt. Er ist so fasziniert, geht zum Schnitzer und fragt ihn: „Wie war das möglich? Wie haben Sie es geschafft, aus einem großen, schweren und unbearbeiteten Baumstamm eine so wundervolle Statue herzustellen?" Der Schnitzer

antwortete: „Weißt du, es kommt auf zwei Dinge an. Zum einen musst du die fertige Statue bereits in dem unbearbeiteten Baumstamm sehen können. Und zum anderen musst du mit deinem Werkzeug so feinfühlig, respektvoll und vorsichtig umgehen, dass du die Statue bei der Arbeit nicht verletzt."

Und genau das sollten wir auch in der Erziehung tun. Als liebende Eltern müssen Sie Ihr Kind bereits sehen, wie es sein könnte, dazu auch seine Begabungen und Talente erkennen. Seien Sie feinfühlig, respektvoll und vorsichtig, damit Sie Ihr Kind nicht einschränken und verletzen.

Ein wundervolles Erziehungswerkzeug dafür ist das Feedback. Das Feedback dient als eine Art Leitplankensystem für Ihr Kind. Es soll eine Form von Sicherheit bieten und die Denkstrukturen angleichen. Wenn man das Feedback als Fördermöglichkeit sieht, kann es zu einem der wichtigsten Instrumente werden und gleichzeitig das Vertrauen und die zwischenmenschlichen Beziehungen deutlich verbessern. Da letztendlich alles Kommunikation ist, sind wir ständig darauf angewiesen Feedback zu erhalten und auch Feedback zu geben. Doch kann man dabei auch viele wesentliche Fehler machen.

Feedback sollte grundsätzlich drei Ziele zur Grundlage haben:

1. Feedback muss immer das Selbstbewusstsein und das Selbstvertrauen steigern.
2. Rechtzeitiges Feedback hilft, dass sich keine negativen Emotionen anstauen. Warten Sie also nicht zu lange.
3. Feedback sollte immer dem Erziehungsziel dienen und gleichzeitig Ihr Kind fördern, sodass es sich weiterentwickeln kann.

Es gibt vier Formen von Feedback, wobei nicht alle immer gleich gut und angebracht sind. Sehen Sie selbst.

1. Ignorieren

Diese Form von Feedback ist mit Abstand die schlechteste Variante. Denn durch das Ignorieren kann keine Klarheit und keine Einigkeit erzielt werden. Vielmehr zerstört Ignoranz Beziehungen und sorgt dafür, dass Kinder ihr Selbstbewusstsein und ihr Selbstvertrauen verlieren. Kinder wollen wahrgenommen werden. Und selbst ein negatives Feedback ist immer noch besser als ignoriert zu werden. Sorgen Sie dafür, dass Sie die verschiedenen Ebenen der Kommunikation wahrnehmen und nicht ignorieren.

2. Loben

Die zweite Möglichkeit einem Kind Feedback zu geben, ist das Loben. Das Ziel von Eltern sollte es sein, möglichst viel zu loben und wertzuschätzen. Doch das ist gar nicht so einfach. Denn schließlich muss man so loben, dass das Lob nicht nur unseren Mund verlässt, sondern auch beim Kind ankommt und seine Wirkung entfaltet. Denn das Loben hebt nachweislich das Selbstwertgefühl. Wissenschaftliche Untersuchungen haben ergeben, dass die logische Verstandesseite des Gehirnes bei einem ehrlichen Lob abschaltet und die emotionale Seite des Gehirnes die folgenden Handlungen übernimmt. Doch wie kann man ein Kind so loben, dass es ehrlich ankommt? Dafür gibt es einen ganz einfachen Gesprächsleitfaden.

Stellen Sie sich folgende Fragen:

1. Wann ist es mir aufgefallen?
2. Was ist mir konkret aufgefallen?
3. Was hat mir persönlich besonders gut gefallen?
4. Welchen persönlichen Bezug habe ich dazu?
5. Welchen Wert hat das für mich und unsere Familie?

Ich möchte Ihnen ein Beispiel geben:
„Gestern ist mir aufgefallen, dass du dein Zimmer aufgeräumt hast. Mir hat besonders gut gefallen, dass du dabei sogar an deinen Kleiderschrank gedacht hast. Er sieht super sauber und sortiert aus. Ich finde das besonders bemerkenswert, da wir uns letztens noch darüber

unterhalten haben und du eigentlich gar keine Lust dazu hattest. Und jetzt sieht es so Klasse aus. Ich weiß, wie schwer es manchmal fällt, sich aufzuraffen und loszulegen. Wenn es erledigt ist, dann fühlt man sich erleichtert und ist stolz. Für mich ist besonders wertvoll, wenn ich sehe, wie selbständig du schon bist. Hättest du denn Lust deine Schwimmsachen wieder aus dem Schrank zu holen und mit mir ins Hallenbad zu gehen als kleine Belohnung?"

In diesem Beispiel sind alle fünf Elemente des Lobens enthalten. Es ist wichtig, dass Sie Ihrem Kind nicht nur von oben herab sagen, dass es etwas gut gemacht hat. Es ist wichtig, dass es bei dem Lob wirklich spürt, dass Sie die Situation wirklich genau beobachtet haben und begründen können, warum Sie loben. Es muss auch erkennen, welchen emotionalen Bezug Sie selbst dazu haben. Das bedeutet also, ein Lob ist immer eine Mischung aus sachlichen und emotionalen Bausteinen.

Achten Sie bitte darauf, dass Sie nicht versuchen, Loben und Wertschätzen dafür zu nutzen, dass Ihr Kind noch leistungsfähiger wird. Vermitteln Sie vielmehr, dass das, was Ihr Kind tut, ein Lob und eine Wertschätzung zur Folge hat. Gerade bei Kindern bis zum 8. Lebensjahr zeigt Kritik und Tadel kaum eine Wirkung. Daher ist Lob und Wertschätzung in diesem Zeitraum besonders wichtig. Es müssen nicht immer konkrete Resultate sein, für die Sie loben. Oft reicht es, die Bemühungen wertzuschätzen.

3. Kritisieren
Ab dem 9. Lebensjahr ist ein Kind bereits so weit, dass man neben dem Lob auch dosiert Kritik in die Kommunikation einbauen kann. Doch auch hier gibt es einige Faktoren zu beachten, denn die meisten Menschen kennen Kritik so, dass einer kritisiert und der andere am Boden zerstört ist. Der Sinn der Kritik sollte jedoch sein, dass Ihr Kind gefördert und nicht kleingemacht wird. Das bedeutet also, dass Kritik so formuliert werden muss, dass wir den Willen des Kindes nicht außer Acht lassen. Aus einem Kritikgespräch muss es mit neuen Ideen, Vorstellungen, Wünschen und einem gesteigerten Selbstbewusstsein

herausgehen. Ich finde, dass wir nur das Recht haben, eine Handlung zu kritisieren, wenn wir unser Kind auch wirklich fördern wollen. Kritik dient nicht zum Abbau des eigenen Frustes.

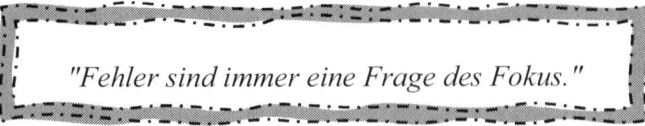

"Fehler sind immer eine Frage des Fokus."

Wenn Kinder den Fokus verlieren, machen sie Fehler oder agieren in eine andere Richtung, als gewünscht. Sie erkennen Kinder, die den Fokus verloren haben daran, dass sie sich rechtfertigen, andere beschuldigen, Tatsachen verleugnen, lügen, aufgeben und nur in den wenigsten Fällen daran, dass sie aus Fehlern lernen und sich verpflichten, es in Zukunft besser und anders zu machen.

Sollte ein Kritikgespräch mit Ihrem Kind notwendig sein, dann sollten Sie sich exzellent vorbereiten und das Ziel Ihres Gespräches klar wissen. Sonst wird es schnell ein emotionaler Schlagabtausch. Ebenso sollten Sie sich eine klare Strategie zurechtlegen, wie Sie es schaffen, Ihr Kind so zu kritisieren, dass es am Ende mit einer gesteigerten Motivation aus dem Gespräch herausgeht.

Hier ist ein kleiner Leitfaden, wie ein wirkungsvolles Kritikgespräch aussehen kann:

1. Beginnen Sie mit Small Talk, um in das Gespräch einzusteigen.
2. Sagen Sie dem Kind, was Sie an ihm wertschätzen.
3. Was lief nicht wie gewünscht? Wo gab es eine andere Erwartung?
4. Bringen Sie das Gespräch auf die Gefühlsebene, denn Ihre Gefühle sind nicht streitbar. Wie fühlen Sie sich?
5. Lassen Sie die Chance zur Selbstkritik. Geben Sie dem Kind die Zeit, sich zu erklären und die eigene Wahrnehmung zu äußern. Hören Sie dabei aufmerksam zu und finden das dahinterstehende Bedürfnis.
6. Fragen Sie, wie es in Zukunft laufen könnte, damit es nicht

noch einmal vorkommt.
7. Blicken Sie gemeinsam in die Zukunft. Wie sieht es aus, wenn der Fehler oder das Verhalten tatsächlich nicht mehr auftritt.
8. Sprechen Sie das Vertrauen in Ihr Kind aus.
9. Bedanken Sie sich freundlich für das offene Gespräch.

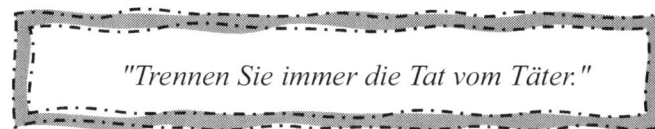

"Trennen Sie immer die Tat vom Täter."

4. Einen Umweg nehmen

Stellen Sie sich mal vor, Sie möchten in eine benachbarte Stadt fahren. Sie nehmen Ihr Auto und fahren los. Jetzt stellen Sie auf dem Weg fest, dass es einige Baustellen und Straßensperrungen gibt. Sie haben die Möglichkeit umzudrehen und wieder nach Hause zu fahren. Oder Sie fahren einen kleinen Umweg, zum Beispiel über benachbarte Dörfer, um Ihr Ziel zu erreichen. In der Regel nutzen die meisten Menschen die zweite Möglichkeit.

Und genauso kann es auch in der Kindererziehung sein. Indem Sie einen anderen Weg wählen, schaffen Sie sich eine Möglichkeit, Ihr Kind wieder auf den gewünschten Weg zu bringen. Gleichzeitig können Sie damit Kritik umgehen und neue Möglichkeiten zum Loben schaffen. Bevor wir also kritisieren, macht es Sinn zu überprüfen, ob es nicht einen Weg gibt, daran vorbeizukommen.

Es gibt zwei Möglichkeiten, einen Umweg zu gehen. Sie können Ihrem Kind eine neue Aufgabe geben, mit der Sie eine neue Möglichkeit zum Loben und zum Wertschätzen schaffen. Vielleicht macht es aber auch Sinn, die ursprüngliche Aufgabe noch einmal besser und detaillierter zu erklären und gemeinsam abzustimmen, wie der Weg noch konkreter aussehen könnte. Beziehen Sie in diesem Gespräch Ihr Kind unbedingt mit ein.

Ein Umweg funktioniert bei Kindern, die eigentlich lieb und gut sein wollen, jedoch aus irgendwelchen Gründen nicht lieb sein können. Wenn es jedoch am fehlenden Willen liegen sollte, dass die entsprechenden Ergebnisse nicht stimmen, dann bleibt Ihnen nur die Möglichkeit der Kritik.

8. Regeln, die Kindern guttun

Regeln sind wie Leitplanken und geben Kindern, so wie Eltern eine Sicherheit. Genauso ist aber auch der Freiraum wichtig. Kinder müssen lernen und sich entfalten können. Dabei sollten die Regeln sie nicht zu sehr in ihrer Entwicklung einschränken.

Viele Eltern fragen sich daher, wie viele Regeln und vor allem welche denn geeignet sind. Diese Frage lässt sich, wie so vieles, nicht pauschal beantworten. Es steht und fällt wieder mit den unterschiedlichen Phasen und Altersgruppen. Während ganz kleine Kinder eher Rituale brauchen, um sich in der Welt zurechtzufinden, so können Kindergarten- oder jüngere Schulkinder bereits erste Aufgaben selbständig übernehmen. Wichtig dabei ist, dass Sie sich bei den Regeln mit Ihrem Partner einig sind. Kinder merken sehr schnell, wenn Eltern unterschiedlicher Auffassung sind und spielen sie dann gerne gegeneinander aus. Das sollten Sie unbedingt vermeiden.

Frühe Kindheit (0 – 2 Jahre)

Kinder entwickeln in dieser Phase ihren eigenen Willen. Sie liegen nicht mehr einfach nur im Bettchen oder auf dem Sofa, sondern wollen etwas erleben. Gerade dann werden die ersten Rituale und Regeln wichtig. Machen Sie es zur Gewohnheit, dass zu einem bestimmten Zeitpunkt der Schlafanzug angezogen wird, man gemeinsam Zähne putzt und dann ein Hörspiel oder etwas Musik hört. Sobald Kinder laufen können, sind sie auch schon in der Lage, kleinere Sachen, wie z.B. einen Joghurtbecher, in den Müll zu bringen oder den Teller nach dem Essen in die Küche zu räumen.

Kindheit (2 – 4 Jahre)

In dieser Phase können Kinder bereits deutlich mehr Aufgaben und Verantwortung übernehmen. Sie können beim Tischdecken und Abräumen helfen oder die Spülmaschine einräumen. Beim Essen gibt es keine Spielsachen. Ihr Kind muss auch nicht alles essen, sollte jedoch von allem ein wenig probieren. Wenn das Kind gut hören kann und nicht einfach blind drauf losfährt, kann es auch mal ein paar Meter mit dem Laufrad vorfahren. Auf dem Bürgersteig, an Straßenüberquerungen und überall dort, wo Gefahren lauern, bleibt das Kind an Ihrer Hand. Dabei geht es nicht nur darum, dass nichts passiert, sondern auch darum, dass Ihr Kind sich bei Ihnen sicher fühlt und dabei lernt, aufmerksam auf Gefahrensituationen zu achten. Beim Spielen mit anderen Kindern sind kleinere Streitereien üblich. Kratzen, Beißen und Hauen sind absolut tabu. Wenn Ihr Kind das Spielzeug eines anderen Kindes haben möchte, dann sollte es lernen zu fragen und dabei auch ein „Nein" akzeptieren. Ebenso ist es bereits in der Lage, für Ordnung im eigenen Zimmer zu sorgen. Wobei zu beachten ist, dass es noch überfordert damit ist, dies alleine zu tun. Idealerweise legen  Sie einen regelmäßigen und festen Rahmen für das Aufräumritual fest, z.B. vor dem Schlafengehen oder an bestimmten Tagen. Sie leiten dabei Ihr Kind, während es selbst seine Sachen wegräumt.

Mittlere Kindheit (5 – 6 Jahre)

Während der mittleren Kindheit sollte Ihr Kind langsam herangeführt werden, selbst an die körperliche Hygiene, wie Baden, Zähneputzen, Händewaschen usw., zu denken. Es muss das nicht alleine machen, jedoch selbst daran denken, damit ein eigenes Gefühl dafür entsteht. Auch ist ein Kind in diesem Alter bereits in der Lage dazu, sein Zimmer teilweise alleine aufzuräumen. Auch, wenn es nicht alles erledigt bekommt, so kann es bereits feste Teile selbständig übernehmen, z.B. den Schreibtisch aufräumen, die Kuscheltiere sortieren und den Müll wegbringen. Im Straßenverkehr können Sie Ihrem Kind in der Regel bereits mehr Verantwortung übertragen. Es muss nicht unbedingt mehr an der Hand laufen, sofern sie sich darauf verlassen können, dass es an Kreuzungen und bei roten Ampeln stehen bleibt. Das fördert das Selbstvertrauen und die Eigenverantwortung. Im Haushalt können weiterhin kleinere Tätigkeiten übernommen werden. Das Essen wird weiterhin von Ihnen, als Eltern bestimmt. Sie können Ihrem Kind jedoch einmal pro Woche die Möglichkeit geben ein Menü selbst auszuwählen. Sollte es nicht zu schwer sein, können sie es auch gemeinsam kochen.

Späte Kindheit (7 – 11 Jahre)

Je älter das Kind wird, desto mehr Verantwortung kann es übernehmen. Sowohl für sich, als auch für andere. In der späten Kindheit sollten sie sich weiterhin an Tätigkeiten im Haushalt beteiligen, diese aber immer mehr auch unbeobachtet und mit deutlich weniger Unterstützung durchführen. Genauso sollte es seine Schulaufgaben selbständig beginnen. Selbstverständlich steht man dem Kind zur Seite, wenn es nicht weiterkommt oder etwas nicht versteht. Es ist jedoch wichtig, dass es langsam lernt, kleinere Probleme selbst zu lösen. Wenn Kinder zu lange das Gefühl haben, dass sie immer auf die Hilfe anderer angewiesen sind, dann bleiben sie unselbständig und resignieren bereits bei einfachen Herausforderungen. Das Zimmer kann das Kind mittlerweile auch vollständig selbst aufräumen. Es muss nicht hundertprozentig geleckt aussehen, jedoch grob ordentlich und sauber. In der späten Kindheit können Sie mit Ihrem Kind auch Hobbies aussuchen, um einen Rhythmus, z.B. für die sportliche Betätigung, zu finden. Beim Essen erhöhen Sie das Mitspracherecht auf zweimal pro Woche. Das ist natürlich abhängig davon, wie viele Kinder Sie haben.

Was können Sie tun, wenn Regeln missachtet werden?

Regeln sind nur so gut, wie sie auch eingehalten werden. Es bringt natürlich nichts, wenn Sie eine Fülle an Regeln und Ritualen zur Verfügung stellen und sie einfach ignoriert werden.
Sie als Eltern sind dafür verantwortlich, dass sie möglichst eingehalten werden. Sicherlich darf es, in Absprache, auch mal eine Ausnahme geben. Das sollte jedoch nicht zur Gewohnheit werden, schon gar nicht in gefährlichen Situationen, wie z.B. im Straßenverkehr.

Sollten Regeln nicht eingehalten werden, machen Sie bitte nicht den Fehler und bestrafen Ihr Kind dafür. Das wäre kontraproduktiv. Sprechen Sie vorher offen über die Konsequenzen. Wenn Ihr Kind beim Spielen mit anderen anfängt zu hauen oder zu kratzen, dann geben Sie noch eine Chance, ansonsten beenden Sie das Spiel. Das ist keine Bestrafung, sondern die Konsequenz, um andere zu schützen.

9. Spielen Sie gemeinsam mit Ihrem Kind – it´s fun time"

Wir alle wissen, dass Kinder sehr gerne spielen. Es ist ihre Art, sich auszudrücken, die Welt und das Leben zu erforschen. Damit das gelingt, ist es sowohl wichtig, dass Sie mit Ihrem Kind spielen, aber auch dass es lernt, sich alleine spielerisch zu betätigen. Wenn Mütter mit ihrem Kind spielen, steht oft das Erfolgserlebnis im Mittelpunkt. Es soll sich freuen. Die meisten Väter hingegen legen mehr Wert darauf, dass sich das Kind voll und ganz in das Spiel einbringt. Beides sind wundervolle Eigenschaften, die sehr wertvoll sein können, wenn sie miteinander kombiniert werden. Es stellt eine angemessene Herausforderung dar und bietet genügend Erfahrungs- und Lernmöglichkeiten.

Wenn Sie gemeinsam spielen, ist es vor allem wichtig, dass Sie voll bei der Sache sind. Halbherzige Spiele, zwischen Tür und Angel, sind eher belastend und zwar für beide Seiten. Kinder nehmen wahr, dass Sie eigentlich keine Lust haben und Sie als Elternteil spüren, dass Ihr Kind Sie immer mehr fordert, obwohl Sie das gar nicht möchten. Lassen Sie sich also vollkommen auf das Spielerlebnis ein. Dabei müssen Sie auch nicht immer die Führung übernehmen und Vorschläge machen. Kinder sind sehr kreativ und wissen meist genau, was sie wollen und was ihnen Spaß macht. Lassen Sie Ihr Kind Vorschläge machen und entscheiden Sie dann gemeinsam, welches Spiel Sie spielen.

Die gemeinsame Zeit ist sehr wertvoll. Sowohl für die Entwicklung als auch für die Bindung der Beziehung. Nehmen Sie sich also regelmäßig Zeit zum Spielen.

Dadurch lernen Sie sich besser kennen und können die Fähigkeiten Ihres Kindes besser beobachten. Sie sehen sehr schnell in welchen Entwicklungsschritten es steckt, wie weit die körperlichen und motorischen Fähigkeiten sind, aber auch wie es um die Gedankengänge, Gefühle, Emotionen und Verhaltensweisen steht.

Lassen Sie sich jedoch nicht zu sehr einspannen. Sie brauchen auch ausreichend Freiraum und Pausen. Ihr Kind wird das mit der Zeit verstehen. Unternehmen Sie daher auch regelmäßig etwas alleine oder gemeinsam mit Ihrem Partner. Ein schöner Kinoabend, ein Essen im Restaurant oder ein Wellnesstag in der Saunalandschaft lassen Sie ausreichend Kraft tanken.

Damit Sie ein paar Ideen und Vorschläge haben, welche Spiele und Freizeitaktivitäten für welches Alter geeignet sind, gebe ich Ihnen nun ein paar Anregungen:

Ab 2 Jahre

- Ballspiele
- Bälle- Bad
- Plumpsack
- Wettrennen
- Versteckspiel
- Kuscheltiere verstecken
- Reise nach Jerusalem
- Trampolin
- Hüpfburg
- Malen
- Basteln
- Mit Fingerfarben malen
- Salzteig formen
- Kneten
- Gips formen
- Vorlesen
- Singen
- Reime
- Rätsel lösen
- Tiere anschauen und benennen
- Ich sehe was, was Du nicht siehst
- Ich packe meinen Koffer
- Memory
- Brettspiele
- Lego
- Roller fahren
- Inliner fahren

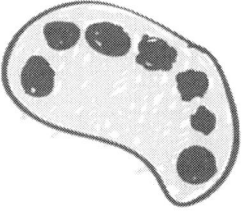

Ab 6 Jahre

- Schnitzeljagd
- In die Augen schauen, ohne zu lachen
- Basketball
- Fußball
- Hockey
- 4 Gewinnt
- Galgenmännchen
- Picknick im Grünen
- Blumen pflanzen

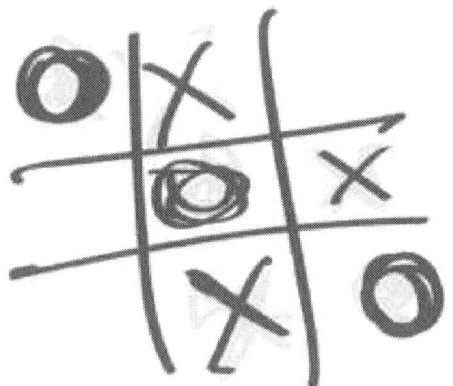

Ab 9 Jahren

- Fahrradtour
- Wettschwimmen
- Stadt, Land, Fluss
- Schiffe versenken
- Käsekästchen
- Badminton
- In der Natur kochen
- Geocaching
- Eine Bude im Wald bauen
- Einen Hund aus dem Tierheim ausführen

Wie Sie sehen, gibt es eine Fülle an Möglichkeiten. Sicherlich sind Ihnen beim Lesen auch noch weitere eingefallen. Es kommt tatsächlich gar nicht so sehr darauf an, was Sie spielen, sondern vielmehr, dass Sie eine wundervolle gemeinsame Qualitätszeit erleben. Sie können z.B. auch mit Ihrem Kind gemeinsam ein Plakat entwerfen, auf dem alle Spiele und Freizeitaktivitäten in Bildform aufgeklebt werden. Dann hängen Sie es irgendwo auf und suchen gemeinsam zur Spielezeit etwas Geeignetes aus. So entsteht nicht die Situation, dass Ihr Kind nicht weiß, was es machen möchte. Bei so vielen Ideen sprudelt der Geist. Und immer, wenn Ihnen etwas Neues einfällt, kleben Sie ein weiteres Bild auf.

Wenn Sie in Ihrer Umgebung eine Bücherei haben, kann auch das ein spannender Ausflug werden. Oftmals kann man sich dort auch für zwei bis vier Wochen Gesellschaftsspiele ausleihen. So haben Sie für wenig Geld immer neue und kreative Spielmöglichkeiten. Dabei laufen Sie nicht Gefahr, dass Sie ständig neue Spiele kaufen, die dann doch nicht genutzt werden. Sollte Ihnen ein Büchereispiel mal besonders gut gefallen, können Sie es sich irgendwann erneut ausleihen oder sich doch entscheiden, es in einem Spielegeschäft zu kaufen.

Sollten Sie Haustiere haben, gibt es auch dadurch viele neue Freizeit- und Spielemöglichkeiten. Mit einem Hund können Sie trainieren, in eine Hundeschule gehen oder Tricks üben. Vielleicht haben Sie auch Spaß daran, eine Hundehütte zu bauen. Es gibt so viele Möglichkeiten, sich zu betätigen. Ich bin mir sicher, dass Sie das Richtige für sich und Ihr Kind finden werden.

TEIL II – „ERSTE HILFE FÜR MAMA & PAPA"

1. Von der Vorbildfunktion – „Nobody is perfect"

Vielleicht kennen Sie das, jemand gähnt und Sie müssen es auch tun, jemand lacht und Sie fangen ebenfalls an zu lachen. Oder vielleicht kennen Sie Situationen, in denen Ihnen jemand gegenübersitzt, der wirklich sehr traurig ist und Sie beginnen in diesem Moment auch etwas traurig zu sein. Dieses Phänomen nennen wir Mitgefühl. Jeder Mensch verfügt über diese Fähigkeit. Sie ist nur bei jedem Menschen unterschiedlich stark ausgeprägt. Doch was hat das, mit der Vorbildfunktion von Eltern zu tun?

Die wissenschaftlichen Erkenntnisse dazu stehen uns erst seit gut einem Vierteljahrhundert zur Verfügung. 1992 brachten uns ein Affe und eine Erdnuss diese wundervolle Erkenntnis. Eine Gruppe aus Wissenschaftlern wollte die Handlungen von Affen erforschen. Sie fanden heraus, dass man entsprechende Signale im Gehirn messen konnte, wenn die Affen nach Futter griffen. Dabei passierte etwas, womit keiner rechnete. Die Messgeräte schlugen auch aus, obwohl sich der Affe nicht bewegte, und ein Forscher seinen Arm zur Nuss ausstreckte. Es reichte also aus, dass der Affe die Bewegung eines Menschen beobachtete. Das Gehirn produzierte die gleichen Signale, als würde er es selbst tun. Das war der Beleg dafür, dass er das Verhalten seines Gegenübers im Gehirn spiegelte. Die Zellen, die das ermöglichten, nennen wir heute Spiegelneuronen. Im Jahr 2010 hat man herausgefunden, dass auch Menschen darüber verfügen.

Das ganze Geheimnis liegt also darin, dass wir Menschen Spiegelneuronen haben, die uns dazu verhelfen, Handlungen unseres Gegenübers zu spiegeln. Die Fähigkeit, über die wir Menschen verfügen, sorgt dafür, dass wir lernen.

Erinnern Sie sich daran, wie Kinder Laufen lernen. Vielleicht erinnern Sie sich aber auch selbst noch an Ihre ersten Schritte. Ein Kind lernt nur Laufen, weil es andere Menschen gesehen hat, die genau das bereits tun. Angenommen alle Menschen würden grundsätzlich auf ihren Händen laufen und nicht auf ihren Füßen, dann würden auch die Kinder lernen, auf den Händen zu laufen. Sie kämen gar nicht auf die Idee auf ihren Füßen zu laufen, da das Laufen auf den Füßen für uns Menschen etwas Normales ist. Weil es alle tun, lernen Kinder das Laufen auf den Füßen.

Wir Menschen haben also eine eingebaute Kopierfunktion, die es uns ermöglicht, das Handeln von anderen Menschen zu imitieren. Und egal, was wir lernen, wir lernen nicht dadurch, dass uns andere Menschen sagen, was wir tun sollen. Sondern wir lernen dadurch, dass andere Menschen uns etwas vormachen. Genau das ist der Grund, warum eine Vorbildfunktion so wichtig ist. Wenn wir möchten, dass unsere Kinder bestimmte Dinge tun, dann müssen wir sie authentisch vorleben. Wenn Kinder ihr Zimmer aufräumen sollen, das gesamte Haus, jedoch unordentlich ist, dann wirkt das nicht authentisch und eher wie eine Bestrafung.

Kinder übernehmen fast alles aus ihrem Umfeld durch Beobachtung und Nachahmung. Machen Sie sich also die Kraft der Imitation zu Nutze, indem Sie als Vorbild fungieren. Wenn Kinder regelmäßig im Haushalt mithelfen und anpacken dürfen, zudem positives Feedback erhalten und sehen, dass Sie sich auch an Regeln halten, dann stärkt das ihr Selbstbewusstsein und hilft ihnen, selbständig zu werden.

Machen Sie jedoch nicht den Fehler, zu perfekt sein zu wollen. Kinder verzeihen einem Fehler. Sprechen Sie es offen an und zeigen Sie auch mal Schwäche. Das ist völlig okay und sehr wertvoll. Ihr Kind soll ebenso nicht durch falschen oder überzogenen Perfektionismus an Überforderung leiden. Es darf sich frei und menschlich entwickeln. Perfektionismus hingegen erzeugt Druck, Stress und senkt die Lebensqualität. Gehen Sie alles spielerisch und mit maximaler Freude an. Dann wird es Ihnen auch gelingen.

2. Eltern = Respektpersonen – „Dazu brauchen Sie nicht schimpfen!"

Bernd spielte mit seinem Sohn Ben mit Bauklötzen. Beide bauten je eine Burg und gaben sich viel Mühe dabei. Der Kleine ist gerade 5 Jahre alt geworden und manchmal sehr impulsiv. Als sein Papa mit dem Burg-Turm fertig war, haute Ben den Turm um und lachte dabei fröhlich. Bernd fragte ihn, warum er das gemacht hat. Als Antwort bekam er: „Weil das hässlich war und du doof bist." Der Papa stand auf, hob den Finger und sagte: „So nicht, mein Freund. Dir geht es wohl zu gut. Sieh zu, dass du das jetzt aufräumst. Dann kannst du Zähne putzen, ins Bett gehen und mal darüber nachdenken, wie du dich verhalten hast". Ben lachte und sagte: „Papa, du hast mitgespielt, also musst du auch aufräumen, sonst bist du ein böser Papa". Bernd ging zu Bens Turm, ließ ihn ebenfalls einstürzen. Das Geschrei war groß.

Wenn Kinder sich respektlos zeigen, stehen das Schimpfen und Maßregeln in vielen Familien auf der Agenda. Fehlt der Respekt, so kratzt das am Ego. Sich dabei unter Kontrolle zu haben, ist gar nicht so einfach. Zudem sorgt es oft für weiteres Konfliktpotential. Das sollten Sie unbedingt verhindern. Gelingen kann das, indem Sie beginnen zu verstehen, warum dieses Verhalten auftritt und sich nicht in eine Machtposition begeben. Eltern sind sehr wichtige Bezugspersonen für Kinder. Und das sollte im Idealfall auch ein Leben lang so bleiben. Dafür brauchen die Kleinen viel Zuwendung, aber auch Freiraum, um sich entfalten zu können. Wenn Eltern sich jedoch auf die Ebene der Respektlosigkeit herablassen, wird es sehr problematisch. Druck erzeugt Gegendruck und das können Sie in einem harmonischen Familienleben nicht gebrauchen. Ihr Kind sollte Sie viel mehr als eine natürliche und liebevolle Autoritätsperson ansehen, die sehr pflichtbewusst ist und sich selbst kontrollieren und beherrschen kann. Dadurch lernt es, auch so zu werden. Zeigen Sie sich ebenfalls respektlos oder spielen Ihre Machtposition aus, dann kann das dazu führen, dass Ihr Kind in der Sozialkompetenz auf dem Stand eines Ein-

oder Zweijährigen bleibt. Das bedeutet, es ist beziehungsunfähig und hat kein Einfühlungsvermögen. Eltern werden dann mit Gegenständen gleichgesetzt. Wichtig ist, der Ursache auf den Grund zu gehen. In den meisten Fällen liegt es an einer zu geringen emotionalen Bindung zur Bezugsperson. Sie als Eltern sollten das nicht aus Ihrer Sicht hinterfragen, sondern aus Sicht ihres Kindes. Selbst, wenn Ihnen die Bindung gut erscheint, kann es dennoch auf der anderen Seite ein Defizit oder Vertrauensbruch geben. In der Regel zeigt sich das entweder in respektlosem Verhalten oder im genauen Gegenteil. Kinder ziehen sich zurück. Um das zu verändern, müssen Sie zwei Dinge tun. Zum einen an der langfristigen Beziehung und Bindung arbeiten und zum anderen Ihre Reaktion auf das Verhalten Ihres Kindes anpassen. Sprechen Sie es im akuten Fall direkt an und begründen Sie, wie Sie sich dabei fühlen und warum das Verhalten nicht in Ordnung ist. Vermeiden Sie es dabei, zu schimpfen, zu bestrafen oder ebenfalls respektlos zu sein. Zeigen Sie aber angemessene Konsequenzen auf. Ebenso ist es sehr hilfreich, wertschätzend zu sein, wenn Ihr Kind sich respektvoll zeigt.

Lässt es Sie ausreden, wenn Sie sich unterhalten, dann sagen Sie: „Danke, dass du gewartet hast. Nun bin ich für dich da."

Ebenso können auch Sie sich entschuldigen, wenn Sie mal falsch reagiert haben. Das zeigt Größe und Respekt. Sonst denkt Ihr Kind irgendwann, dass Erwachsene sich alles erlauben dürfen. Seien Sie auch innerhalb der erweiterten Familie respektvoll. Streiten Sie sich nicht mit Großeltern, Onkeln und Tanten. Das bemerken Kinder sofort. Achten Sie jedoch bitte darauf, dass nicht jede vorbildliche Reaktion Ihrerseits sich sofort bei Ihrem Kind niederschlägt und einbrennt. Wer lange Zeit unangemessen reagiert hat, muss das Vertrauen erst einmal wieder aufbauen. Auch können Sie von einem 3-, 4- oder 5-Jährigen nicht erwarten, dass es sofort versteht, lernt und umsetzt. Das wäre zu viel verlangt. Wenn Sie das beherzigen, dann geben Sie Ihrem Kind die Möglichkeit, eigene Erfahrungen zu machen und den respektvollen Umgang mit anderen zu lernen.

3. Gelassenheit lernen - „Time-out für Mama & Papa!"

Im Laufe der Jahre sind mir viele Eltern begegnet, die sich sehr vorbildlich verhalten haben. Sie haben sich rührend um ihr Kind gekümmert, richtig kommuniziert und die Dinge, wie sie in diesem Buch stehen, umgesetzt. Doch waren Sie nach einiger Zeit ausgelaugt, erschöpft und angeschlagen. Mama und Papa zu sein, kann so oder so sehr anstrengend sein. Daher ist es wichtig, auch gut für sich selbst zu sorgen, sich regelmäßig eine Auszeit zu nehmen und Kraft zu tanken- und das ohne Ihr Kind. Manche Eltern vernachlässigen auch die eheliche Beziehung. Das schadet nicht nur Ihnen selbst, sondern auch Ihren Kindern.

Was können Sie also tun, damit nicht nur Ihr Kind sich frei entfalten kann und glücklich aufwächst, sondern auch Sie zufrieden und voller Lebensglück strahlen können?

Trainieren Sie Ihre Gelassenheit

- Machen Sie regelmäßige Atemübungen, Meditationen, autogenes Training oder Yoga.
- Wenn Sie aufgewühlt sind oder provoziert wurden, warten Sie 10 bis 20 Sekunden, bevor Sie antworten. Dadurch haben Sie Zeit etwas herunterzufahren. Sollte das nicht helfen, verlassen Sie den Raum und lenken Sie sich ab.
- Sollten Sie wütend sein, verwandeln Sie Ihre Anspannung in Tatkraft. Gehen Sie in den Garten, widmen sich der Hausarbeit oder machen Sport.
- Flüstern Sie, wenn Sie eigentlich lieber schimpfen wollen würden.

Nehmen Sie sich Zeit für sich selbst

- Treffen Sie sich mit Freunden oder Bekannten zum Essen oder zum Kaffee. Sprechen Sie dabei weniger über Kinder, sondern über andere Themen.
- Erarbeiten Sie ein Wünsche-Board. Kleben Sie auf ein großes Plakat Bilder von Ihren Wünschen, Träumen und Zielen auf. Stellen Sie sich vor, wie Sie diese erreichen. Das weckt die Sehnsucht, noch mehr vom Leben erhalten zu können. Machen Sie sich Gedanken darüber, wie Sie Ihre Träume realisieren können.
- Lesen Sie ein gutes Buch an einem stillen Ort. Trinken Sie dabei einen Tee oder einen Kaffee und machen es sich so richtig gemütlich.
- Suchen Sie sich ein neues Hobby, welches Sie alleine ausführen können.
- Betätigen Sie sich sportlich. Gehen Sie ins Fitnessstudio, joggen Sie oder fahren Sie Fahrrad.
- Nutzen Sie die Zeit für sich, wenn Ihr Kind im Kindergarten oder der Schule ist.
- Nehmen Sie ein entspanntes Bad und schließen dabei die Tür ab, so dass sie vollkommen ungestört sind.
- Schicken Sie Ihr Kind zum Spielen, Freunde treffen oder kleine Besorgungen machen. So haben Sie etwas Zeit für sich.
- Gönnen Sie sich einen Besuch beim Friseur, einer Kosmetikerin oder in einem Massagestudio.

Nehmen Sie sich Zeit für Ihre Partnerschaft

- Gehen Sie regelmäßig Essen, ins Kino oder auf Konzerte. Die Qualitätszeit mit Ihrem Partner ist sehr wichtig.
- Wenn Sie mögen, dann machen Sie einen Tanzkurs mit Ihrem Partner oder gehen abends mal in eine Diskothek.
- Sorgen Sie dafür, dass Ihr Kind früh ins Bett geht, sodass Sie noch Zeit für Ihre Partnerschaft haben.
- Legen Sie einen Mama- und Papa-Tag in der Woche fest. Kinder akzeptieren das nach einiger Zeit und bauen ein Verständnis dafür auf.
- Bilden Sie sich gemeinsam weiter. Besuchen Sie dafür Seminare oder andere Netzwerkveranstaltungen.
- Geben Sie Ihr Kind hin und wieder zu den Großeltern, Freunden, Bekannten oder anderen Familienmitgliedern. So erhalten Sie mehr Freiraum für sich und Ihre Partnerschaft.

4. Wo stehe ich? Wo will ich hin? Was macht mich wütend?

Nun haben Sie sehr viele hilfreiche und nützliche Tipps erhalten. Doch was nützt das schon, wenn man sie nicht umsetzt und alles läuft, wie bisher? Daher kommen wir jetzt zu einem sehr selbstreflektierenden Teil, indem Sie Ihren Ist-Zustand analysieren und den Soll-Zustand definieren können. Sicherlich läuft einiges bereits sehr gut, während es an anderen Stellen etwas kriselt. Daher stelle ich Ihnen nun ein paar Fragen, die Sie beantworten können. Nutzen Sie dafür die freien Schreibflächen oder separate Blätter. Seien Sie dabei bitte ehrlich zu sich selbst.

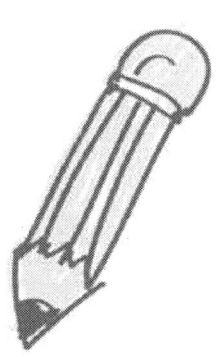

Was habe ich über Erziehung durch meine eigenen Eltern erfahren?

_____
_____
_____
_____
_____
_____
_____
_____

Was war daran gut und was nicht?

_____
_____
_____
_____
_____
_____
_____

Welche Beziehung habe ich heute zu meinen Eltern?

_____
_____
_____
_____
_____
_____
_____
_____

Wie sieht die Beziehung zu meinem Kind aus?
_____
_____
_____
_____
_____
_____
_____

In welchen Situationen habe ich bisher geschimpft? Wie möchte ich in Zukunft in diesen Situationen reagieren?
_____
_____
_____
_____
_____
_____
_____

In welchen Situationen habe ich mein Kind bestraft? Wie möchte ich in Zukunft damit umgehen?
_____
_____
_____
_____
_____
_____
_____

Welche Situationen laufen bereits besonders gut mit meinem Kind? Wie kann ich das noch mehr wertschätzen?

_____
_____
_____
_____
_____
_____
_____
_____

Welche Situationen laufen nicht gut? Wie möchte ich in Zukunft damit umgehen?

_____
_____
_____
_____
_____
_____
_____
_____

Wann werde ich wütend? Wie kann ich meine Wut so eindämmen, dass ich dennoch liebevoll zu meinem Kind bin?

_____
_____
_____
_____
_____
_____
_____
_____

Wie kann ich mir noch mehr Zeit für mich und/ oder meine Partnerschaft nehmen?

_____
_____
_____
_____
_____
_____
_____
_____

Welche der nachfolgenden Techniken zur Selbstregulation möchte ich umsetzen?

_____
_____
_____
_____
_____
_____
_____
_____

5. Anti Stress Hilfe und Selbstregulation

Da sich viele Eltern durch ihre eigene Erziehung und ihr aktuelles Familienleben daran gewöhnt haben, zu schimpfen, verursachen sie gleichzeitig jede Menge Stress im Körper. Das ist ungesund. Zugleich ist es auch schwierig, sich einfach so umzugewöhnen, wenn man einen hohen Stresspegel hat. Daher liegt es mir sehr am Herzen, dass Sie diesen erfolgreich senken können. Dann gelingt es auch mit den neuen Gewohnheiten und einer besseren Lebensqualität. Schimpfen ist definitiv der falsche Weg. Damit das gelingt, können wir nicht einfach eine Pille einwerfen oder eine neue CD einlegen. Wir müssen an uns arbeiten. Daher erhalten Sie jetzt ein paar Inspirationen, die mir und bereits vielen anderen Eltern sehr gut geholfen haben.

Atemmeditation

Diese kleine Atemmeditation können Sie immer mal wieder zwischendurch einsetzen. Sie erhöht den Sauerstoffgehalt im Blut, sodass Sie Ruhe und Gelassenheit verspüren werden. Nehmen Sie sich mindesten 5-7 Minuten Zeit dafür. Halten Sie dabei den Fokus auf Ihren Atem. Das wird Ihnen helfen, Stress abzubauen und sich selbst zu regulieren.

- Atmen Sie tief ein. Der Bauch sollte sich dabei heben.
- Lassen Sie dann die Luft aus dem Bauch in die Brust strömen.
- Halten Sie die Luft für 3 Sekunden fest.
- Atmen Sie dann für 6 Sekunden langsam aus.

Gefühle beobachten

Wenn wir Gefühle einfach nur beobachten, ohne sie zu bewerten, dann passiert etwas sehr Spannendes. Sie verändern sich. Der Körper reguliert sich von selbst, sobald wir keine weitere Energie in Form von Gedanken hineingeben. Wenden Sie diese Methode so oft wie möglich an.

- Fokussieren Sie sich auf Ihren aktuellen Gefühlszustand, ohne das Gefühl zu bewerten.
- Nach wenigen Sekunden können Sie feststellen, dass sich das Gefühl im Körper verändert und bewegt.
- Beobachten Sie die Veränderungen solange, bis sich ein positives Gefühl einstellt. Genießen Sie es dann.

Wahrnehmungskanäle beobachten

Wechseln Sie im Minutentakt den Fokus auf die einzelnen Wahrnehmungskanäle. Das hilft Ihnen nicht zu sehr in Gedanken zu verharren. Sie brauchen nur 5 Minuten, um sich wieder neu auszurichten und zu zentrieren.

- Fokussieren Sie sich für 1 Minute auf das, was Sie gerade hören.
- Fokussieren Sie sich für 1 Minute auf das, was Sie gerade sehen.
- Fokussieren Sie sich für 1 Minute auf das, was Sie gerade fühlen.
- Fokussieren Sie sich für 1 Minute auf das, was Sie gerade riechen.

- Fokussieren Sie sich für 1 Minute auf das, was Sie gerade schmecken.

Wut und Aggression abbauen

Wenn Sie sich wütend fühlen oder aggressiv sind, dann können Sie diese Energie auch wieder abbauen, ohne dass jemand zu Schaden kommt und Sie etwas sagen, was Sie gar nicht möchten.

Stellen Sie sich dafür im Abstand von 50 Zentimetern vor eine Wand. Drücken Sie Ihre Handflächen leicht gegen die Wand. Lenken Sie dann Ihre Aufmerksamkeit in die Füße. Atmen Sie dabei tief ein und wieder aus. Bleiben Sie dort für circa 10 Sekunden. Wandern Sie dann hoch in die Beine und halten den Fokus erneut für weitere 10 Sekunden. Gehen Sie weiter in die Hüften, den Bauch, den Oberkörper, die Arme, den Hals und Kopf. Immer jeweils für 10 Sekunden.

Durch den Fokus auf die unterschiedlichen Körperregionen lenken Sie sich von den Gedanken ab, die Ihre Wut weiter verstärken könnten. Somit können Sie sich beruhigen und wieder herunterfahren.

Praktische Checklisten

Die besten Erziehungstipps für gelassene Eltern

- Bleiben Sie ruhig und gelassen.
- Zeigen Sie Verständnis.
- Seien Sie ein gutes Vorbild
- Legen Sie mit anderen Bezugspersonen feste Regeln fest.
- Wenden Sie niemals leere Drohungen an oder Gewalt an.
- Achten Sie darauf, dass Kinder genügend Freizeit benötigen.
- Sorgen Sie für ausreichend Bewegung.
- Sorgen Sie für eine ausgewogene und gesunde Mischkost.
- Achten Sie auf genügend Schlaf.
- Lassen Sie Ihr Kind an Entscheidungen teilhaben.
- Handeln Sie stets ruhig und überlegt.
- Nehmen Sie die Gefühlswelt Ihres Kindes ernst.

Die wichtigsten Regeln für Kinder

- Legen Sie Regeln für die Schlafenszeit fest.
- Legen Sie Regeln zur Mediennutzung fest.
- Finden sie feste Regeln zu den Mahlzeiten (Spielzeug hat hier nichts zu suchen).
- Legen Sie Regeln für die Kommunikation fest.
- Bestimmen Sie feste Regeln für das Einkaufen.
- Sorgen Sie für das Aufräumen vor dem Zubettgehen.

Regeln für die Mithilfe im Haushalt

Frühe Kindheit (0 – 2 Jahre)

- Führen Sie Rituale ein.
- Bestimmen Sie den Zeitpunkt für das Anziehen des Schlafanzugs und das Zähneputzen.
- Vergeben Sie leichte Aufgaben wie z.B. einen Joghurtbecher in den Müll bringen.
- Lassen Sie das Kind nach dem Essen den Teller in die Küche räumen.

Kindheit (2 – 4 Jahre)

- Das Kind kann dabei helfen, den Tisch zu decken und abzuräumen oder auch die Spülmaschine einzuräumen.
- Beim Essen gibt es keine Spielsachen.
- Es muss nicht alles essen, jedoch von allem etwas probieren.
- Auf dem Bürgersteig und an Straßenüberquerungen bleibt das Kind an Ihrer Hand.
- Kratzen, Beißen und Hauen sind absolut tabu.
- Es kann für Ordnung im eigenen Zimmer sorgen (mit Anleitung).

Mittlere Kindheit (5 – 6 Jahre)

- Das Kind kann selbst an die körperliche Hygiene, wie Baden, Zähneputzen, Händewaschen usw. denken (muss jedoch unterstützt werden).
- Es kann das Kinderzimmer teilweise alleine aufzuräumen.
- Es muss, bei Vertrauen, auf dem Bürgersteig nicht unbedingt mehr an der Hand laufen.
- Das Essen wird weiterhin von Ihnen bestimmt. Sie können Ihrem Kind einmal pro Woche die Möglichkeit geben, ein Menü auszuwählen.
- Es kann beim Kochen helfen.

Späte Kindheit (7 – 11 Jahre)

- Immer mehr Tätigkeiten können unbeobachtet und mit deutlich weniger Unterstützung durchgeführt werden.
- Schulaufgaben können selbständig begonnen werden.
- Das eigene Zimmer kann es mittlerweile selbst vollständig aufräumen.
- Hobbies können Sie gemeinsam mit dem Kind aussuchen.
- Beim Essen erhöhen Sie das Mitspracherecht auf zweimal pro Woche.

Anregungen für eine liebevolle & gelungene Kommunikation

- Hören Sie sich gegenseitig aktiv und gut zu.
- Führen Sie kein Verhör, sondern erzählen auch Sie aus Ihrem Alltag.
- Lassen Sie das Kind aussprechen.
- Nehmen Sie sich Zeit zum Plaudern, z.B. beim Spazierengehen oder bei einer Tasse Tee.
- Nehmen Sie Ihr Kind ernst.
- Beobachten Sie wertfrei und sachlich.
- Teilen Sie Ihre Gefühle und die daraus resultierenden Bedürfnisse klar mit.
- Formulieren Sie im Anschluss daran eine Bitte.
- Loben Sie Ihr Kind.

Schlusswort

Ganz gleich, wie schwierig und nervenaufreibend viele Situationen mit Kindern sein können, sie bereichern unser Leben und die Welt. Moderne Eltern denken langfristig und erziehen ohne Schimpfen. Sie können das auch. Machen Sie sich einen konkreten Plan, setzen Sie die Tipps aus diesem Buch um und erleben Sie, wie sich die Beziehung zu Ihrem Kind in Rekordzeit wandeln kann. Dafür brauchen Sie keine altertümlichen Methoden und keinen Stress. Schaffen Sie sich die kleine heile Welt, die Sie sich immer gewünscht haben, selbst.

Erinnern Sie sich bitte noch einmal an den Anfang dieses Buches. Ich saß mit meiner Freundin bei mir im Wohnzimmer und wir sprachen über ihre beiden Kinder Max und Sandra. Sie war sehr traurig und dachte darüber nach, sich Unterstützung bei einem Kinder- und Jugendpsychologen zu holen. Das war nach unserem Gespräch nicht mehr notwendig, denn sie verstand nun, was sie anders und besser machen konnte. Sie schrieb mehrere Seiten mit und hatte nun ein völlig neues Konzept in der Hand, um ihren beiden Wunschkindern zu begegnen. Acht Wochen später besuchte sie mich erneut, um mir zu berichten, wie sich die Situation zuhause veränderte. Ich war sehr erfreut. Meine Freundin wendete weniger Zeit für die Kindererziehung auf und alle waren wesentlich glücklicher und entspannter. Sicherlich gab es auch noch schwierigere Situationen, doch diese löste sie mit deutlich mehr Souveränität.

Sie erzählte mir, dass sich die Kinder mittlerweile im Haushalt beteiligen, eine Faszination für das Kochen kleinerer Gerichte entdecken und ihre Zimmer freiwillig aufräumen. Ich war gerührt. Max hatte sich bei Lisa entschuldigt. Das war das Mädchen, das er in der Schule geärgert hatte. Er kaufte ihr von seinem Taschengeld sogar ein kleines Kuscheltier. Max und Lisa wurden Freunde, spielten nachmittags oft zusammen und halfen sich gegenseitig bei den Hausaufgaben. So verbesserte sich seine Leistung in der Schule.

Meine Freundin wendete die Gewaltfreie Kommunikation an, achtete mehr auf sich, wurde ruhiger und gelassener, genauso, wie ich es ihr empfohlen hatte. Sie verstand, dass ihre Erwartungen zu hoch waren und sie immer dann nervös wurde, wenn diese sich nicht erfüllten. Ihr wurde bewusst, dass Sie sich in einem Hamsterrad, zwischen Liebe und Schimpfen, befand. Durch den neuen Umgang sprachen selbst Max und Sandra liebevoller miteinander. Meine Freundin war glücklich und zufrieden. Es fühlte sich großartig an und stärkte den familiären Zusammenhalt.

Auch Sie können das!
Und genau das wünsche ich mir für Sie.

Dank

Vielen Dank dafür, dass Sie mein Buch gelesen haben. Ich hoffe, dass Ihr Familienalltag schnell einfacher wird und es Ihnen mit Leichtigkeit gelingt, ab sofort ohne Stress und Schimpfen zu erziehen.

Herzlichst,

Ihre Athina Crane

Ergänzende Literatur

Körpersprache der Kinder | Samy Molcho | Ariston Verlag | 1. Auflage 2005

Das Buch der Kinder | Sei einfach du selbst | Osho | Ullstein Verlag | 1. Auflage 2004

Das Buch, von dem du dir wünschst, deine Eltern hätten es gelesen | Philippa Perry | Ullstein Verlag | 14. Auflage 2021

Jedes Kind ist hoch begabt | Gerald Hüther | Knaus Verlag | 6. Auflage 2012

Zu viel Erziehung schadet | Wie Sie Ihre Kinder stressfrei begleiten | Andreas Winter | Mankau Verlag | 1. Auflage 2010

Verkannte Genies | Wenn Kinder in der Schule scheitern | Ludwig Koneberg | Kösel Verlag | 1. Auflage 2010

Gefühle sind keine Krankheit | Dr. med. Christian Peter Dogs | Ullstein Verlag | 3. Auflage 2017

NLP macht Kinder stark | Aljoscha Long | Südwest Verlag | 2011

Liebevolle Kindererziehung – Ganz ohne Schimpfen und Schreien | Katharina Kalkbrenner | 1. Auflage 2020

Die Sprache des Friedens sprechen | Marshall B. Rosenberg | Junfermann Verlag | 2. Auflage 2009

Erziehen ohne Schimpfen | Nicola Schmidt | Gräfe und Unzer Verlag | 12. Auflage 2019

Ich freue mich auf Ihr Feedback

Für mich ist es sehr wichtig, Feedback zu meinem Buch zu bekommen. Wenn Sie Anregungen oder Verbesserungsvorschläge haben, so schreiben Sie mir doch bitte eine Mail:

info@mellontikos-verlag.com

bevor Sie eine schlechte Bewertung abgeben. Ich freue mich sehr über konstruktive Kritik. Da es mich viel Zeit und Energie gekostet hat, dieses Buch zu erstellen, wäre ich Ihnen sehr dankbar, wenn Sie mir anstelle einer schlechten Bewertung Ihre Verbesserungsvorschläge persönlich zukommen lassen. Denn dann hätte ich eine Chance, Ihre Kritik anzunehmen und mein Buch zu verbessern.

Über eine Rückmeldung in Form einer Rezension auf Amazon würde ich mich ebenfalls sehr freuen. Diese können Sie wie folgt erstellen: Besuchen Sie auf Amazon.de die Produktseite des Artikels, für den Sie eine Rezension erstellen möchten. Klicken Sie unter Kundenrezensionen auf „Kundenrezension verfassen". Bewerten Sie den Artikel und verfassen Ihre Rezension.

Alternativ können Sie diesen Link benutzen, der Sie direkt auf die Seite leitet, auf der bestellte Produkte zu bewerten sind. Der Link ist verschlüsselt und sicher:

https://mellontikos-verlag.com/Bewertung

Über den Verlag

Der junge, moderne Verlag MELLONTIKOS wurde 2021 gegründet mit dem Ziel, seinen Leserinnen & Lesern nützliche sowie hochwertige Qualitäts-Ratgeber zu den verschiedensten Themen anzubieten, die allesamt von erfahrenen Expertinnen & Experten stammen.

Der Mehrwert der Bücher steht absolut im Vordergrund und besteht darin, clevere Lösungen leicht verständlich vorzustellen und Sie zu inspirieren.

Genau deshalb arbeitet der Mellontikos Verlag ausschließlich mit ausgewählten Schriftstellerinnen & Schriftstellern zusammen, die eine große Expertise und einen langjährigen Erfahrungsschatz vorzuweisen haben.

Diese stellt Ihnen der Verlag auf seiner Webseite persönlich vor, damit Sie sich selbst ein Bild machen können von dem hochqualifizierten und engagierten Autorenteam sowie den aufwendigen Werken.

https://mellontikos-verlag.com

Haftungsausschluss

Der Autor übernimmt keinerlei Gewähr für die Aktualität, Korrektheit, Vollständigkeit oder Qualität der bereitgestellten Informationen und weiteren Informationen. Haftungsansprüche gegen den Autor, welche sich auf Schäden materieller oder ideeller Art beziehen, die durch die Nutzung oder Nichtnutzung der dargebotenen Informationen bzw. durch die Nutzung fehlerhafter und unvollständiger Informationen verursacht wurden, sind grundsätzlich ausgeschlossen, sofern seitens des Autors kein nachweislich vorsätzliches oder grob fahrlässiges Verschulden vorliegt. Alle Angaben wurden vom Autor mit größter Sorgfalt und nach bestem Wissen und Gewissen recherchiert oder spiegeln seine eigene Meinung wider. Der Inhalt des Buches passt möglicherweise nicht zu jedem Leser und die Umsetzung erfolgt ausdrücklich auf eigenes Risiko. Es gibt keine Garantie dafür, dass alles genau so, bei jedem Leser, zu genau den gleichen Ergebnissen führt. Der Autor und/oder Herausgeber kann für etwaige Schäden jedweder Art aus keinem Rechtsgrund eine Haftung übernehmen.

Urheberrecht

Alle Inhalte dieses Werkes sowie Informationen, Strategien und Tipps sind urheberrechtlich geschützt. Alle Rechte sind vorbehalten. Jeglicher Nachdruck oder jegliche Reproduktion – auch nur auszugsweise – in irgendeiner Form wie Fotokopie oder ähnlichen Verfahren, Einspeicherung, Verarbeitung, Vervielfältigung und Verbreitung mithilfe von elektronischen Systemen jeglicher Art (gesamt oder nur auszugsweise) ist ohne ausdrückliche schriftliche Genehmigung des Autors strengstens untersagt. Alle Übersetzungsrechte vorbehalten. Die Inhalte dürfen keinesfalls veröffentlicht werden. Bei Missachtung behält sich der Autor rechtliche Schritte vor.

Impressum

Athina Crane, Mellontikos Verlag wird vertreten durch:

Straight - Marketing GmbH
Mittenwalderstrasse 5a
82467 Garmisch-Partenkirchen
info@mellontikos-verlag.com
https://mellontikos-verlag.com

1. Auflage 2021
Alle Rechte vorbehalten
Nachdruck, auch auszugsweise, verboten
Kein Teil dieses Werks darf ohne schriftliche Erlaubnis des Autors in irgendeiner Form reproduziert, vervielfältigt oder verbreitet werden

Fotos: M. F.; https://de.depositphotos.com

Printed in Germany
by Amazon Distribution
GmbH, Leipzig